essentials

essentials liefern aktuelles Wissen in konzentrierter Form. Die Essenz dessen, worauf es als „State-of-the-Art" in der gegenwärtigen Fachdiskussion oder in der Praxis ankommt. *essentials* informieren schnell, unkompliziert und verständlich

- als Einführung in ein aktuelles Thema aus Ihrem Fachgebiet
- als Einstieg in ein für Sie noch unbekanntes Themenfeld
- als Einblick, um zum Thema mitreden zu können

Die Bücher in elektronischer und gedruckter Form bringen das Expertenwissen von Springer-Fachautoren kompakt zur Darstellung. Sie sind besonders für die Nutzung als eBook auf Tablet-PCs, eBook-Readern und Smartphones geeignet. *essentials:* Wissensbausteine aus den Wirtschafts-, Sozial- und Geisteswissenschaften, aus Technik und Naturwissenschaften sowie aus Medizin, Psychologie und Gesundheitsberufen. Von renommierten Autoren aller Springer-Verlagsmarken.

Weitere Bände in der Reihe http://www.springer.com/series/13088

Jens Uwe Pätzmann · Yvonne Adamczyk

Customer Insights mit Archetypen

Wie Sie mit archetypischen
Metaphern Zielgruppen besser
definieren und verstehen können

Jens Uwe Pätzmann
Hochschule Neu-Ulm
Neu-Ulm, Deutschland

Yvonne Adamczyk
Rheinfelden, Deutschland

ISSN 2197-6708   ISSN 2197-6716   (electronic)
essentials
ISBN 978-3-658-30747-9   ISBN 978-3-658-30748-6   (eBook)
https://doi.org/10.1007/978-3-658-30748-6

Die Deutsche Nationalbibliothek verzeichnet diese Publikation in der Deutschen Nationalbibliografie; detaillierte bibliografische Daten sind im Internet über http://dnb.d-nb.de abrufbar.

Planung/Lektorat: Imke Sander
Springer Gabler ist ein Imprint der eingetragenen Gesellschaft Springer Fachmedien Wiesbaden GmbH und ist ein Teil von Springer Nature.
Die Anschrift der Gesellschaft ist: Abraham-Lincoln-Str. 46, 65189 Wiesbaden, Germany

Was Sie in diesem *essential* finden können

1. Archetypische Metaphern als neuer Ansatz in der Psycholinguistik
2. Systematischer Ansatz zum Finden von Customer Insights
3. Ranking der wichtigsten archetypischen und antiarchetypischen Metaphern
4. Konkrete Anwendungen von archetypischen und antiarchetypischen Metaphern in der Markenführung
5. Einführung eines Codierungssystems zur Auswertung von empirischen Studien

Vorwort

Daten bzw. „Big Data" werden als das neue Gold im Marketing gehandelt. Wer Daten hat, kann sie ausbeuten, so die Logik. Doch Daten sind zunächst leblos, man muss sie zum Leben erwecken, mit Bedeutung aufladen, damit sie für die Markenführung relevante Inhalte liefern. Customer Insights sind mit Bedeutung aufgeladene Daten. Nur so entsteht das neue Konsumentengold, denn wer die motivationalen Barrieren und Verstärker der Verbraucher versteht, hat „Nuggets" gefunden. Alle reden von Insights, von tiefen Einsichten aus Zielgruppenperspektive. Die wenigsten wissen jedoch wie man gute Insights findet.

Dieses *essential* richtet sich deshalb an alle, die wissen wollen, was gute Insights ausmacht, worauf man achten muss, wenn man sie systematisch finden will und wie man sie in Geschäftsmodelle, Markenkonzepte, Service Design, Personas, Creative Briefs, Claims und Storytelling umsetzen kann.

Außerdem ist das *essential* für diejenigen gedacht, die nach einem simpel umzusetzenden Codierungssystem zur Auswertung von empirischen Studien gesucht haben. Mit der Einführung der Waben-Codierung gibt es jetzt ein solches.

Neu an diesem *essential* ist die Herangehensweise, denn es geht um archetypische und antiarchetypische Metaphern zur Systematisierung von Customer Insights. Archetypische Metaphern sind urgestalthafte Sprachbilder, die Emotionen in unserem limbischen System erzeugen und unser kollektives Unbewusstes mit inneren Bildern füttern. Sie sind personifizierte Emotionen. Als erzeugte Bilder haben sie eine enorme Wirkkraft.

Während Archetypen und Antiarchetypen universelle Gültigkeit haben, also überall auf der Welt gleich sind, fallen archetypische Metaphern in den Bereich der kulturellen Ausprägung – und die ist je nach Kulturraum anders. Metaphern, Sprichwörter und Redewendungen sind etwas spezifisch Lokales, Regionales und Nationales. Allerdings ist es so, dass bestimmte Metaphern, Sprichwörter und Redewendungen europäisch oder sogar global gelten. Die archetypischen Metaphern, die in diesem *essential* verwendet werden, gelten erst einmal nur für Deutschland, Österreich und die Schweiz. Für andere Kulturräume müssen sie angepasst oder zumindest empirisch überprüft werden. Der erste Schritt wäre, sie ins Englische zu übersetzen und festzustellen, ob es eine jeweilige Entsprechung im englischen Sprach- und Kulturraum gibt.

Es wurde Wert darauf gelegt, kontrastreiche Abbildungen und Tabellen ohne Grautöne zu erstellen, damit die Verwender von Kindle oder Tolino keine Probleme haben, Details zu erkennen. Bedanken möchten wir uns bei unserem Kollegen Prof. Dr. Hans-Michael Ferdinand, der uns als Sparring-Partner viele wertvolle Ratschläge gegeben hat, insbesondere bei der Durchführung der empirischen Studie, die diesem *essential* zugrunde liegt. Außerdem sei wie immer Imke Sander vom Verlag Springer Gabler für die ausgesprochen gute Zusammenarbeit gedankt.

Neu-Ulm   Jens Uwe Pätzmann
im April 2020   Yvonne Adamczyk

Inhaltsverzeichnis

Über die Autoren

Prof. Dr. Jens Uwe Pätzmann ist Leiter des Kompetenzzentrums für Marketing & Branding an der Hochschule Neu-Ulm. Er ist seit über 25 Jahren auf Markenführungsthemen spezialisiert und einer der wenigen Experten in Deutschland, die sich in Marketing-Forschung und Praxis umfassend mit Archetypen beschäftigen. E-Mail: jens.paetzmann@hnu.de

Yvonne Adamczyk hat Betriebswirtschaftslehre mit Schwerpunkt Marketing, Branding & Strategy an der Hochschule Neu-Ulm studiert. Sie war Projektassistentin bei der ovummarken strategieberatung und hat im Rahmen einer Auftragsarbeit zusammen mit Jens Uwe Pätzmann die empirische Untersuchung zu Archetypen durchgeführt.

Einleitung 1

1.1 Customer Insights

Customer Insights, Consumer Insights oder auch schlicht Insights kann man als tiefe Einsichten aus Zielgruppenperspektive bezeichnen (Pätzmann und Hartwig 2018, S. 45). Die Autoren dieses *essentials* untergliedern Insights nach motivationalen Barrieren und motivationalen Verstärkern. Barrieren sind negative und Verstärker sind positive Gefühle bzw. Emotionen. Sie dienen als Sprungbretter für die Operationalisierung des Marken-Mix (Kratzer et al. 2018, S. 12 ff.). Man braucht sie, um Geschäftsmodelle, Produktinnovationen, Services und Kommunikation aus Kundensicht zu entwickeln. Ohne fundierte Insights gibt es keinen gesteuerten Markenerfolg, sondern nur Zufallserfolge. Insights, von vielen als das neue Konsumentengold bezeichnet (denn Insights sind in erster Linie Daten, auch Big Data), können qualitativ oder quantitativ erhoben werden. Alle jagen nach guten Insights, nur wenige wissen wie und noch weniger tun es systematisch.

Es gibt Ausnahmen: Karmasin nutzt die Bedürfnispyramide nach Maslow (Karmasin 2007, S. 65 ff.). Maslow geht davon aus, dass es eine Hierarchie der Bedürfnisse gibt, die je nach Reifegrad einer Gesellschaft zum Tragen kommen. Angefangen bei physiologischen Bedürfnissen, über Sicherheits-, Sozial-, Wertschätzungs- bis hin zu Selbstverwirklichungsbedürfnissen klettert der Mensch mit seinen Motivationen die Leiter hinauf. Das Problem: Die Maslow'sche Bedürfnispyramide ist nie empirisch nachgewiesen worden. Sie ist ein theoretisches Konstrukt. Da sie aber theoretisch so zwingend ist, wird sie immer noch verwendet. Auch Karmasin tut das. Sie unterteilt die fünf Bedürfniskategorien in Defizitzustände (in der Sprache der Autoren dieses *essentials:* motivationale Barrieren) und Erfüllungszustände (motivationale Verstärker).

© Der/die Herausgeber bzw. der/die Autor(en), exklusiv lizenziert durch
Springer Fachmedien Wiesbaden GmbH, ein Teil von Springer Nature 2020
J. U. Pätzmann und Y. Adamczyk, *Customer Insights mit Archetypen,* essentials,
https://doi.org/10.1007/978-3-658-30748-6_1

Karmasin hält eine weitere Möglichkeit bereit, Insights zu entwickeln. Sie unterteilt Marken in sechs Nutzendimensionen (Karmasin 2007, S. 235 ff.). Diese Nutzendimensionen stellen markentechnische Antworten auf zielgruppen-perspektivische Fragen (=Insights) dar. So interpretieren die beiden Autoren die sechs Nutzendimensionen: Sozialer Nutzen (=Antwort auf soziale Barriere oder Verstärker), distinktiver Nutzen (=Antwort auf distinktive Barriere oder Ver-stärker), expressiver Nutzen (=Antwort auf expressive Barriere oder Verstärker), instrumenteller Nutzen (=Antwort auf instrumentelle Barriere oder Verstärker), ästhetischer Nutzen (=Antwort auf ästhetische Barriere oder Verstärker) und normativer Nutzen (=Antwort auf normative Barriere oder Verstärker).

Baumann beschreibt zwei weitere Möglichkeiten, Insights zu definieren. Bei der Architektur der Insights geht es darum, eine tiefe Einsicht zu beobachten, ihren Treiber zu beschreiben, die Barriere zu formulieren und die Bewältigungs-form darzustellen. Die Architektur der Insights bezieht sich auf motivationale Barrieren, Verstärker können mit diesem Ansatz nicht gefunden werden. Ein weiterer Ansatz von Baumann sind sogenannte Insight-Strategien. Sie arbeiten mit Ziel-Ziel-Konflikten, Ziel-Vermeidungs-Konflikten und Vermeidungs-Vermeidungs-Konflikten. Auch dieser Ansatz arbeitet nur mit motivationalen Barrieren (Konflikten) (Baumann 2011, S. 33 ff.).

Der letzte Ansatz, der hier beschrieben werden soll, ist die Zaltman Metaphor Elicitation Technique (ZMET) von Gerald Zaltman. Dieser vornehmlich qualitative Forschungsansatz arbeitet mit Metaphern aus den Kategorien Ausgleich (engl. balance), Verwandlung (engl. transformation), Reise (engl. journey), Behälter (engl. container), Verbindung (engl. connection), Ressource (engl. resource) und Steuerung (engl. control). Zaltman zeigt Konsumenten Collagen oder lässt sie selbst Bilder entwickeln. In aufwendigen Einzelinterviews werden diese dann hinterfragt und auf die oben beschriebenen Kategorien bezogen (Zaltman 2008). Zaltmans Metapherntechnik ist in den USA anerkannt. Will man sie allerdings selbst anwenden, lässt sie einen ratlos zurück. Der Interpretationsspielraum ist enorm und öffnet Willkür Tür und Tor.

1.2 Archetypenlehre

Carl Gustav Jung, ein Schweizer Psychiater, hat die Archetypenlehre in den 30er Jahren des 20. Jahrhunderts begründet (Jung 1999). Ursprünglich war er ein Anhänger Freuds, sagte sich aber später los, weil ihm Freuds Thesen, dass alles in der Psyche des Menschen mit der Sexualität zusammenhängen würde, zu kurz griffen. Jung erkannte bei seinen Patienten das Auftauchen immer wiederkehrende Bilder, die ihm universell erschienen und sich in Träumen, Mythen und Märchen zeigten. Jung beschreibt Archetypen als universelle Urbilder der Menschen. Sie stellen menschliche Vorstellungs- und Verhaltensmuster, die im kollektiven Unbewussten verankert sind, dar. Archetypen haben überall auf der Welt Gültigkeit, wenn auch mit unterschiedlicher kultureller Ausprägung. Jung unterteilte die menschliche Psyche in drei Bereiche: 1) das persönliche Bewusste, 2) das persönliche Unbewusste und 3) das kollektive Unbewusste (Jung 1999, S. 45 ff.; Roesler 2016, S. 28 ff.; Pätzmann und Benzing 2017, S. 18 ff.; Pätzmann und Hartwig 2018, S. 1).

Will man Jungs Theorie der Archetypen anschlussfähig an moderne psychologische Konzepte machen, dann gelingt einem das, indem man Archetypen als personifizierte Emotionen, die in unserem limbischen System starke Reaktionen hervorrufen, beschreibt (Scheier und Held 2012). Sie funktionieren implizit, unbewusst und nebenbei. Durch Archetypen kann man Emotionen steuern. Was bei Carl Gustav Jung das unbewusste Selbst und insbesondere das kollektive Unbewusste ist, wird unter Neuropsychologen der Autopilot genannt. Der Autopilot steuert das Verhalten implizit, d. h. ohne darüber zu reflektieren und handelt spontan. Der Pilot dagegen handelt reflektiert (Scheier und Held 2012, S. 66). Kahnemann bezeichnet den Piloten als das langsame Denken bzw. System II und den Autopiloten als das schnelle Denken bzw. System I (Kahnemann 2016). Pilot, langsames Denken, System II = bewusstes Selbst bei Jung; Autopilot, schnelles Denken, System I = unbewusstes Selbst, kollektives Unbewusstes bei Jung. Anders als z. B. die Maslow'sche Bedürfnispyramide, kann man Archetypen empirisch nachweisen (Roesler 2010, S. 80; Campbell 2008).

Kritik an Jung: Man sagte ihm eine Nähe zum Nationalsozialismus und der damals in Deutschland vorherrschenden Rassenlehre nach. Jung ging davon aus, dass Archetypen vererbbar sind. Heute weiß man, dass das nicht stimmt (Roesler 2016, S. 203) Archetypen sind erlernbar und somit ein sozialpsychologisches (bewusstes Selbst, unbewusstes Selbst = individuelle, psychologische Ebene; kollektives Unbewusstes = gesellschaftliche, soziale Ebene) und kulturanthropologisches Phänomen (kollektives Unbewusstes = gesellschaftliche, kulturelle Ebene) dar.

1.3   Metapherntheorien

Was ist eine Metapher? Ausgangspunkt ist die Verwendung eines Wortes oder einer gesamten Wortgruppe innerhalb eines gewohnten Bedeutungszusammenhanges. Anschließend wird das Wort oder die Wortgruppe in einen anderen Kontext übertragen (Kurz 2009, S. 7). Man kann auch sagen, dass eine Metapher ein Sprachbild ist (Lakoff und Johnson 2014). Oder: eine Metapher meint etwas anderes als sie aussagt. Durch Metaphern entstehen neue Sinnzusammenhänge. Metapher lässt sich auf das griechische Wort metaphorá zurückführen und bedeutet Übertragung.

Im Folgenden beschränken die beiden Autoren sich auf die Darstellung der zwei wichtigsten Metapherntheorien. Als Entdecker und Begründer der ersten Metapherntheorie gilt Aristoteles (Kohl 2007, S. 1 ff.). Bei ihm sind Metaphern Stilmittel der Rhetorik. Auf ihn wird die Substitutionstheorie zurückgeführt, d. h. ein Wort wird durch ein anderes ersetzt (substituiert). Diese Begriffsdefinition ist sehr weitgefasst, entspricht jedoch teilweise noch dem modernen Metaphernbegriff (Kurz 2009, S. 7 ff.).

Beispiel

Eine klassische Metapher: Jemand beißt ins Gras.

- Wörtliche Bedeutung = jemand führt seinen Mund ans Gras und beißt hinein.
- Metaphorische Bedeutung = jemand stirbt. ◄

Die bedeutendste Veränderung in der Metaphernforschung ist von den beiden Schöpfern der psycholinguistischen Metapherntheorie, George Lakoff und Mark Johnson, vollzogen worden. Ihnen zufolge durchdringen Metaphern nicht nur unsere alltägliche Sprache, sondern sie bestimmen auch unsere Wahrnehmung, unser Denken und unser Handeln. Sie sprechen davon, dass ein großer Teil des alltäglichen Konzeptsystems metaphorisch gestaltet ist. Untersuchungen zufolge verwenden wir bis zu 70 % Metaphern, wenn wir sprechen, denken und handeln (Lakoff und Johnson 2014).

Aus einer Theorie der Rhetorik ist nun eine Theorie der Sprachpsychologie (= Psycholinguistik) geworden. Nach Lakoff und Johnson sind Metaphern ein fundamental kognitives Phänomen und können Emotionen ausdrücken. Die Kopplung an Emotionen macht die kognitive Metapherntheorie interessant für Archetypen. Metaphern sind Sprachbilder, Archetypen sind Urbilder. Beide triggern Emotionen.

1.4   Innere Bilder

Bilder, die wir uns vorstellen, sind innere Bilder (Kast 2016, S. 23; Hüther 2015, S. 7 ff.). Ein Bild sagt mehr als 1000 Worte ist zwar eine Binsenweisheit, wurde aber wie so viele Binsenweisheiten, empirisch nachgewiesen (Hüther 2015, S. 43 ff.). Folgt man der Theorie der dualen Codierung, dann erzeugt die Kombination aus Sprache und Bild weit intensivere innere Bilder, insbesondere wenn sie emotional, also im limbischen System, wirken sollen (Kroeber-Riel und Gröppel-Klein 2013, S. 446 ff.). Am besten geeignet, um innere Bilder zu erzeugen, ist unser Sehsinn (Bilder und Schrift erkennen), gefolgt von unserem Hörsinn (insbesondere Musik). Aber auch die anderen Sinne können innere Bilder erzeugen (Geruch, Geschmack, Tasten) (Donzé und Pfister 2016, S. 65 ff.).

Sprachbilder, also Metaphern, erzeugen auch starke innere Bilder, weil sie erst entschlüsselt werden müssen, denn diese Aktivität regt das Gehirn an (Kroeber-Riel und Gröppel-Klein 2013, S. 450 f.). Studien beweisen, dass Metaphern nicht nur einen Bereich, sondern mehrere Teile des Gehirns aktivieren. Innere Bilder erleben wir manchmal als echt, weil bestimmte Zellen im Gehirn – die Spiegelneuronen – uns vorgaukeln, wir würden sie wirklich erleben, z. B. wenn wir einen Kinofilm sehen oder in eine Netflix-Serie eintauchen. Die Spiegelneuronen reagieren beim Beobachten von abgebildeten Verhaltensweisen so, als würde man sie selbst ausführen (Scheier und Held 2012, S. 49 f.; Pätzmann und Busch 2019, S. 2). Wir erleben eine solche Verhaltensweise in Form einer spontanen inneren Simulation. Dieses durch die Spiegelneuronen hervorgerufene Phänomen läuft vorgedanklich, vorsprachlich und implizit ab (Felser 2015, S. 296).

In der Markenführung muss es immer darum gehen, starke innere Bilder zu erzeugen, weil diese emotional wirken (Kroeber-Riel und Gröppel-Klein 2013, S. 447). Sprachbilder (Metaphern) und Urbilder (Archetypen) sind in der Lage solche inneren Bilder zu erzeugen (Kroeber-Riel und Gröppel-Klein 2013, S. 170 f.).

Das archetypische Modell

2

2.1 Markenführung mit Archetypen

Carl Gustav Jung wandte die von ihm begründete Archetypenlehre im Rahmen seiner analytischen Psychologie an. Sie war ein Ergebnis seiner empirischen Forschungen zu Patienten mit psychischen Störungen (Jung 1999). Insbesondere in den USA wurde die Archetypenforschung nach seinem Tod (1961) weiterverfolgt und neueren Erkenntnissen angepasst (Pearson und Marr 2009; Pearson 1998; Pearson 1991). In Europa nahm man Jung in den letzten Jahren unter wissenschaftlichen Gesichtspunkten nicht mehr zur Kenntnis. Jung galt in wissenschaftlichen Kreisen als esoterisch, weil er sich auch mit Religion, Astrologie und Alchemie beschäftigte (Roesler 2010, S. 2 ff.).

In der Marketingwissenschaft setzte, wieder aus Amerika kommend, Anfang der 2000er Jahre eine Jung-Welle ein, die bis heute anhält. Man versuchte Jung durch die Anbindung an modernere psychologische Theorien, z. B. der Motivationspsychologie, der Sozialpsychologie und der Neuropsychologie anschlussfähig zu machen. In der Marketingwissenschaft ist das gelungen, denn dieser Zweig der Betriebswirtschaftslehre ist von jeher pragmatisch. Nach dem Motto: die Theorie, die in der Praxis funktioniert, ist auch wissenschaftlich relevant.

Margaret Mark und Carol. S. Pearson übertrugen als erste das archetypische Modell auf Themenstellungen in der Markenführung. Sie setzten Archetypen ein, um Markenpersönlichkeiten und Positionierungsansätze zu entwickeln. Ihr Modell besteht aus zwölf Archetypen, hat aber die Nachteile, dass keine femininen Archetypen vorkommen, es keine negativen Archetypen gibt und man nicht weiß, ob und wie die Archetypen empirisch erhoben wurden (Mark und Pearson 2001). Das Modell der Werbeagentur Young & Rubicam, das heute international gelehrt

und in Klassikern der Marketingliteratur zitiert wird, erschien zeitlich nach dem
Modell von Mark und Pearson (Solomon 2013, S. 222). Es beschreibt zum ersten
Mal feminine Archetypen und zeigt auf, dass es Schattenarchetypen gibt. Leider
bezieht es sich zu stark auf mittelalterliche Mythen und büßt dadurch universelle
Gültigkeit ein. 2010 kam das erste deutsche Modell auf den Markt. Ein Joint
Venture der Werbeagentur Scholz + Friends mit dem Spiegelinstitut aus Mann-
heim unter dem Namen Neuroversum, machte es möglich. Leider gibt es in diesem
Modell wieder nur männliche Archetypen und die negativen Archetypen fehlen
gänzlich. Dafür ist es anschlussfähig an moderne Motivationstheorien (Spiegel und
Jens 2010, S. 63).

Pätzmann und Hartwig haben 2018 zum ersten Mal ein archetypisches Modell
entwickelt, das nachvollziehbar empirisch erhoben wurde, das nun aus vierzehn
Archetypen und vierzehn Antiarchetypen besteht, das feminine Archetypen ent-
hält, neutrale Begriffe für Archetypen und Motive wählt und das anschlussfähig
ist an motivations-, sozial- und neuropsychologische Theorien. Dieses Modell
liegt dem vorliegenden *essential* zugrunde (Pätzmann und Hartwig 2018).

2.2   Archetypische und antiarchetypische Metaphern

Den Begriff der archetypischen bzw. antiarchetypischen Metapher gibt es weder
in der Wissenschaft noch in der Praxis. Er ist neu. Nur, weil man ein Phänomen
bisher nicht benennen konnte, heißt das nicht, dass es keine archetypischen und
antiarchetypischen Metaphern gibt. Die archetypische bzw. antiarchetypische
Metapher vereint das Urbild (Archetyp) und das Sprachbild (Metapher) zu
einem Konzept. Eine archetypische oder antiarchetypische Metapher ist nach
dieser Logik ein urgestalthaftes Sprachbild. Die beiden Autoren dieses *essentials*
erkennen archetypische bzw. antiarchetypische Metaphern als solche an, wenn sie
die folgenden drei Kriterien erfüllen:

1. Relevanz: Jede archetypische oder antiarchetypische Metapher muss inhalt-
   lich genau zu einem Archetyp oder einem Antiarchetyp des archetypischen
   Modells von Pätzmann und Hartwig passen. Sie muss also entweder Engel,
   Künstler, Schönheit, Frohnatur, Entdecker, Genie, Mentor, Anführer, Amazone,
   Musterschüler, Mutter, Freund, Mutter Erde oder Feigling, Psychopath, Femme
   Fatale, Opfer, Aussätziger, Idiot, Rächer, Tyrann, Sklavin, Rebell, Materialistin,
   Verräter, Diva sein (Pätzmann und Hartwig 2018, S. 8, 27).

2. Relation: Eine Einordnung der archetypischen und antiarchetypischen Metaphern in das Motivkraftfeld von Pätzmann und Busch muss gewährleistet sein. Demzufolge muss jede archetypische oder antiarchetypische Metapher einem der drei Motivsysteme Erregung, Sicherheit und Autonomie sowie den dazugehörigen motivationalen Verstärkern (Neugier, Bindung, Behauptung) oder den motivationalen Barrieren (Furcht, Überdruss, Unterwerfung) untergeordnet werden können (Pätzmann und Busch 2019, S. 7).

3. Reduktion: Die archetypische und antiarchetypische Metapher muss „single minded" sein, d. h. sie darf nur eine Botschaft aussenden. Viele Metaphern, Sprichwörter und Redewendungen haben mehr als eine Botschaft und fallen somit weg.

Warum braucht man archetypische und antiarchetypische Metaphern, um Customer Insights zu finden und zu beschreiben? Metaphern erzeugen innere Bilder und innere Bilder erzeugen Emotionen. Archetypen erzeugen auch innere Bilder und appellieren zusätzlich an die drei grundlegenden Motivsysteme des Menschen. Beide Phänomene vereint in einem Konzept, erhöhen die Schlagkraft von Customer Insights. Hinzukommt, dass von Pätzmann und Adamzcyk klassifizierte archetypische und antiarchetypische Metaphern den Weg zu wirklich tiefen Einsichten aus Zielgruppenperspektive erleichtern, denn Verbraucher äußern keine Banalitäten mehr (weil sie sich nicht entsprechend artikulieren können oder ein nur vages Gefühl zu einer Sache haben), sondern wählen aus archetypischen und antiarchetypischen Metaphern mit psychologischem Tiefgang aus. Die bildliche Sprache der archetypischen und antiarchetypischen Metaphern befördert die emotionale Relevanz.

Beispiel

Archetypische Metapher: der Fels in der Brandung.

- Der dazugehörige Archetyp ist die Mutter.
- Die Motive der Mutter: fürsorglich, beschützend, ermutigend.
- Der motivationale Verstärker: Bindung.
- Das getriggerte Motivsystem ist: Sicherheit. ◄

Die auf diese Weise systematisch gewonnenen Customer Insights bilden hervorragende Sprungbretter für die Entwicklung von Geschäftsmodellen, Produktinnovationen, Services, Personas, Creative Briefs, Claims und torytelling-Formaten für das Content Marketing.

2.3   Motivkraftfeld

In dem archetypischen Motivkraftfeld (Pätzmann und Busch 2019, S. 7), das sich aus den drei Motivsystemen des Zürcher Modells der sozialen Motivation von Bischof (2014, S. 417 ff.) ableitet, können sämtliche Archetypen und Antiarchetypen eingeordnet werden. Es werden die drei Motivsysteme Erregung, Autonomie und Sicherheit, sowie die motivationalen Barrieren Neugier, Behauptung und Bindung, als auch die motivationalen Barrieren Furcht, Unterwerfung und Überdruss im Zusammenhang mit den Archetypen und Antiarchetypen von Pätzmann und Hartwig (2018, S. 8, 27) dargestellt. Das archetypische Motivkraftfeld macht die Archetypen und Antiarchetypen anschlussfähig an heute in der Wissenschaft gängige Motivationstheorien (siehe Abb. 2.1).

Legende: Erregung etc. = grundlegende Motivsysteme; + Bindung etc. = motivationale Verstärker; - Überdruss etc. = motivationale Barrieren; + Mutter etc. = Archetypen; - Materialistin etc. = Antiarchetypen

Abb. 2.1 Archetypisches Motivkraftfeld. (In Anlehnung an Pätzmann und Busch 2019, S. 7)

Die Metaphern-Analyse 3

3.1 Empirischer Untersuchungsansatz

In einem mehrstufigen Verfahren wurden aus über 20.000 Metaphern (Quellen siehe Tab. 3.1) $10 \times 28 = 280$ Metaphern ausgewählt, die den drei in Abschn. 2.2 beschriebenen Kriterien entsprachen. Diese wurden in einer quantitativen Online-Befragung auf Passung zu den vierzehn Archetypen und den vierzehn Antiarchetypen getestet. Ergebnis sind Rankings von eins bis zehn für die einzelnen archetypischen und antiarchetypischen Metaphern. Insgesamt konnten 510 Fragebögen ausgewertet werden. 62 % der Befragten waren zwischen 18 und 30 Jahre alt, 7 % zwischen 30 und 50 Jahre alt und 10 % über 50 Jahre alt. Der Rest machte keine Angaben zum Alter. In der Stichprobe überwogen Studierende. Es wurde keine Repräsentativität angestrebt, dennoch ist die Stichprobe als robust zu bezeichnen, da es „nur" um das allgemeine Verständnis von archetypischen Metaphern ging, unabhängig von soziodemographischen und psychographischen Merkmalen. Die empirische Untersuchung fand im Frühsommer 2019 statt.

Beispielfrage

Frage: Welche der folgenden Metaphern/Sprachbilder finden Sie, passen am besten zu dem Archetyp Held? Bitte wählen Sie Ihre Top 3 aus.

- Archetyp: Held
- Eigenschaften: aufopferungsvoll, mutig, entschlossen

Bitte wählen Sie drei Antworten aus.

J. U. Pätzmann und Y. Adamczyk, *Customer Insights mit Archetypen*, essentials, https://doi.org/10.1007/978-3-658-30748-6_3

- Ein Held krempelt die Ärmel hoch
- Für einen Helden gilt, was dich nicht umbringt, macht dich stark
- Ein Held riskiert Kopf und Kragen
- Ein Held kämpft gegen Windmühlen
- Ein Held beißt die Zähne zusammen
- Ein Held springt ins kalte Wasser
- Ein Held ist ein Stehaufmännchen
- Ein Held zieht sich am eigenen Schopf aus dem Sumpf
- Ein Held steigt in den Ring ◄

Tab. 3.1 Liste der für die Metaphern-Recherche genutzten Bücher

Erscheinungsjahr	Buchtitel
2009	Das A und O: Deutsche Redewendungen
2013	Duden: Redewendungen
2014	Die große Metaphern-Schatzkiste: Systemisch arbeiten mit Sprachbildern
2015	Das Lexikon der Wortwelten: Das So-geht's-Buch für bildhaftes Schreiben
2016	Die große Metaphern-Schatzkiste: Band 2: Die Systemische Heldenreise
2017	Mich laust der Affe: Neues aus der Welt der Redewendungen
2018	Klappe zu, Affe tot: Woher unsere Redewendungen kommen
2018	Warum ist die Leberwurst beleidigt? Sprichwörter und Redensarten – und was dahintersteckt
2018	Redensarten & Sprichwörter: Herkunft, Bedeutung, Verwendung
2018	Duden: Wer hat den Teufel an die Wand gemalt: Redensarten – Wo sie herkommen, was sie bedeuten
2018	Schwein gehabt! Redewendungen des Mittelalters
2018	Das wissen die Götter! Redewendungen aus der Antike
2018	Wer's glaubt wird selig! Redewendungen aus der Bibel
2019	Endlich nicht mehr nur Bahnhof verstehen, sondern wissen, wo der Hase im Pfeffer liegt: Das Redewendungen-Erklärungsbuch

3.2 Archetypische Metaphern als motivationale Verstärker

Mutter

Der Archetyp Mutter ist in dem Motivsystem Sicherheit zu finden und dem motivationalen Verstärker Bindung zuzuordnen. Er besitzt die drei Eigenschaften fürsorglich, beschützend und ermutigend (Pätzmann und Hartwig 2018, S. 8). Demzufolge haben die meisten der ausgewählten zehn archetypischen Metaphern einen Beschützerinstinkt.

Die passendste archetypische Metapher für den Archetyp Mutter: *Eine Mutter ist ein Fels in der Brandung.* Diese Metapher wird so definiert, dass die Mutter unerschütterlich ist und sie somit nichts aus der Ruhe bringt (Scholze-Stubenrecht und Haller-Wolf 2013, S. 211). Die Mutter beschützt sowie unterstützt jemanden in allen Lebenslagen und bewahrt ihre Kinder vor allem Leid dieser Welt. Die archetypische Metapher eignet sich außerdem als Symbol für die Standhaftigkeit einer Person.

Eine weitere wertvolle archetypische Metapher für die Mutter ist, dass *sie einen sechsten Sinn für etwas hat.* Die Mutter besitzt einen besonderen Instinkt, um zukünftige Entwicklungen vorauszusehen (Laffert 2018, S. 181). Dieser sechste Sinn geht über die Sinne Sehen, Hören, Riechen, Schmecken und Tasten hinaus. Er wird bezeichnet als eine Wahrnehmung oder Intuition, die mit den herkömmlichen fünf Sinnen nicht erfassbar ist. *Eine Mutter schenkt jemandem das Leben* ist die drittplatzierte archetypische Metapher. Die Liebe zu ihrem Kind, dem sie das Leben uneigennützig schenkt, ist grenzenlos und durchweg aufrichtig (Scholze-Stubenrecht und Haller-Wolf 2013, S. 460 f.). In der Tab. 3.2 sind alle zehn archetypischen Metaphern für die Mutter abgebildet.

Freund

Der Archetyp Freund hat nach Pätzmann und Hartwig (2018, S. 10) die Eigenschaften hilfsbereit, zuverlässig und ehrlich. Analog zur Mutter, steht beim Freund das Wohl einer geliebten Person im Vordergrund. Daher ist die erstplatzierte archetypische Metapher die, dass *ein Freund mit jemandem durch dick und dünn geht.* Einen Freund zeichnet somit aus, dass er jemandem in allen Lebenslagen bedingungslos zur Seite steht und unterstützt (Krause 2018, S. 50). Früher war ein Synonym für dick das sogenannte „Dickicht". Der Begriff wurde verwendet, wenn zwei Personen miteinander durch dick und dünn gegangen sind (Pöppelmann 2018, S. 65). Sie wichen sich nicht von der Seite, egal ob es dicke oder dünne Hindernisse zu überwinden gab.

Tab. 3.2 Rangliste der archetypischen Metaphern für den Archetyp Mutter (fürsorglich, beschützend, ermutigend)

Rangliste	Archetypische Metaphern	%
1.	Eine Mutter ist ein Fels in der Brandung	61
2.	Eine Mutter hat einen sechsten Sinn für etwas	43
3.	Eine Mutter schenkt jemandem das Leben	38
4.	Eine Mutter hat das Herz am rechten Fleck	36
5.	Für eine Mutter ist geben seliger denn nehmen	31
6.	Für eine Mutter ist Blut dicker als Wasser	21
7.	Eine Mutter hält jemandem den Rücken frei	20
8.	Eine Mutter räumt jemandem Steine aus dem Weg	11
9.	Eine Mutter ist ein guter Hirte	9
10.	Eine Mutter funktioniert wie ein Uhrwerk	9

Quelle: Online-Studie, Frühsommer 2019, Mehrfachnennungen, Top 3, n = 510

Eine weitere passende Metapher für den Archetyp Freund: *Ein Freund ist eine treue Seele.* Er ist zuverlässig, ehrlich und äußerst loyal. Er kennt einen in- und auswendig und auf ihn ist stets Verlass. Treue bedeutet außerdem Beständigkeit, die auf den motivationalen Verstärker Bindung zurückzuführen ist. Außerdem *geht ein Freund für jemanden durchs Feuer.* Somit ist ein Freund bereit für jemanden alles zu tun und zu riskieren. Die Redewendung greift darauf zurück, dass ein Freund bei einem Brand durch die Flammen gehen würde, um andere zu retten (Scholze-Stubenrecht und Haller-Wolf 2013, S. 214). Er stellt das Wohl anderer über sein eigenes. Demnach würde er sein eigenes Leben aufs Spiel setzen, bevor er einen Freund im Stich lässt. Alle zehn archetypischen Metaphern für den Freund sind in Tab. 3.3 abgebildet.

Mutter Erde
Der letzte Archetyp, der dem motivationalen Verstärker Bindung zugehörig ist, ist die Mutter Erde. Die Mutter Erde ist im Gegensatz zu den anderen Archetypen besonders, da sie „einen Natur-, Elementar- oder Tiertypus oder ein archetypisches Motiv darstellen" kann (Pätzmann und Hartwig 2018, S. 11). Demzufolge wird die Mutter Erde oftmals für die Natur metaphorisch personifiziert. Daher auch die erste archetypische Metapher: *Die Mutter Erde ist tief verwurzelt.* Sie übt auf alle Lebewesen eine tiefgreifende Verbundenheit aus.

Tab. 3.3 Rangliste der archetypischen Metaphern für den Archetyp Freund (hilfsbereit, zuverlässig, ehrlich)

1.	Ein Freund geht mit jemandem durch dick und dünn	57 %
2.	Ein Freund ist eine treue Seele	35 %
3.	Ein Freund geht für jemanden durchs Feuer	33 %
4.	Ein Freund kann mit jemandem Pferde stehlen	31 %
5.	Freunde halten wie Pech und Schwefel zusammen	26 %
6.	Für einen Freund währt ehrlich am längsten	25 %
7.	Für einen Freund ist geteiltes Leid, halbes Leid	22 %
8.	Freunde sind ein Herz und eine Seele	17 %
9.	Für einen Freund wäscht eine Hand die andere	12 %
10.	Ein Freund hilft jemandem über die Runden	4 %

Quelle: Online-Studie, Frühsommer 2019, Mehrfachnennungen, Top 3, n = 510

Bei der zweitplatzierten archetypischen Metapher für die Mutter Erde werden die Eigenschaften respektvoll, friedliebend und kommunikativ hervorgehoben: *Die Mutter Erde nimmt jemanden mit offenen Armen auf.* Sie ist aufgeschlossen, wertschätzend und treu – nach dem Motto „vor der Natur sind alle gleich" (Pätzmann und Hartwig 2018, S. 11). Außerdem ist sie *der ruhende Pol,* sie strahlt Ausgeglichenheit aus und behält die Übersicht, damit andere sich orientieren können (Laffert 2018, S. 132). Die Redensart findet ihren Ursprung in den zwei Extrempunkten Nord- und Südpol, welche den Schnittpunkt der Drehachse der Erde mit der Erdoberfläche ergeben. Bei einer Erdumdrehung bleiben die beiden Pole in Ruhe, daher ruhender Pol (Scholze-Stubenrecht und Haller-Wolf 2013, S. 574). Ergänzend sind in Tab. 3.4 die archetypischen Metaphern für die Mutter Erde dargestellt.

Engel

Die Eigenschaften unschuldig, empathisch und rein beschreiben den Archetyp Engel, der stets das Gute im Menschen sieht und hinsichtlich Neuem durchweg aufgeschlossen ist (Pätzmann und Hartwig 2018, S. 12 f.). Dies zeigen auch die archetypischen Metaphern, die in Tab. 3.5 abgebildet sind.

Die erstplatzierte archetypische Metapher: *Ein Engel ist ein Geschenk des Himmels.* Der Engel wird in diesem Fall als eine unerwartet günstige Fügung oder auch eine unerwartet hilfreiche Person beschrieben (Scholze-Stubenrecht

Tab. 3.4 Rangliste der archetypischen Metaphern für den Archetyp Mutter Erde (respektvoll, friedliebend, kommunikativ)

1.	Mutter Erde ist tief verwurzelt	59 %
2.	Mutter Erde nimmt jemanden mit offenen Armen auf	54 %
3.	Mutter Erde ist der ruhende Pol	45 %
4.	Mutter Erde ist wie das Paradies auf Erden	35 %
5.	Mutter Erde versucht die Wogen zu glätten	21 %
6.	Für Mutter Erde vergeht Unkraut nicht	14 %
7.	Mutter Erde ist wie ein offenes Buch	14 %
8.	Mutter Erde kann das Eis brechen	10 %
9.	Mutter Erde setzt sich mit jemandem an einen Tisch	8 %
10.	Mutter Erde bricht für jemanden eine Lanze	3 %

Quelle: Online-Studie, Frühsommer 2019, Mehrfachnennungen, Top 3, n = 510

Tab. 3.5 Rangliste der archetypischen Metaphern für den Archetyp Engel (unschuldig, empathisch, rein)

1.	Ein Engel ist ein Geschenk des Himmels	44 %
2.	Ein Engel hat ein Herz aus Gold	36 %
3.	Ein Engel ist das Licht am Ende des Tunnels	34 %
4.	Für einen Engel stirbt die Hoffnung zuletzt	28 %
5.	Durch einen Engel geschehen noch Zeichen und Wunder	26 %
6.	Ein Engel hat eine weiße Weste	20 %
7.	Ein Engel weiß, dass der Glaube Berge versetzen kann	19 %
8.	Ein Engel kann niemandem ein Haar krümmen	16 %
9.	Ein Engel ist ein barmherziger Samariter	16 %
10.	Ein Engel hat die Hände in Unschuld gewaschen	14 %

Quelle: Online-Studie, Frühsommer 2019, Mehrfachnennungen, Top 3, n = 510

und Haller-Wolf 2013, S. 269). Demzufolge wird der Engel auch als Schutzengel betrachtet, der in einer aussichtslosen Situation unterstützend agiert.

Außerdem hat *ein Engel ein Herz aus Gold.* Alle Handlungen eines Engels sind geprägt von seiner Herzlichkeit. Er ist sehr gutmütig und aufgeschlossen gegenüber anderen Personen. Zudem ist der Engel besonders empathisch.

Dadurch erkennt er die Emotionen, Gedanken und Motive anderer und kann sich in sie hineinversetzen. Die archetypische Metapher, *ein Engel ist das Licht am Ende des Tunnels,* zeigt, dass ein Engel außerdem die Fähigkeit besitzt, die Anzeichen für eine Besserung in einer schwierigen und aussichtslosen Lage zu erkennen.

Künstler

Den Künstler zeichnen seine Einzigartigkeit, Kreativität sowie seine Toleranz aus. Er zeigt gerne, dass er anders ist und schwimmt auch mal gegen den Strom (Pätzmann und Hartwig 2018, S. 14). Zuzuordnen ist der Archetyp ebenfalls dem Motivsystem Erregung mit dem motivationalen Verstärker Neugier. Die erste archetypische Metapher bringt bereits zum Ausdruck, dass ein Künstler etwas mit großem Engagement erledigt. Zusätzlich erledigt er seine Aufgaben mit der Liebe zum Detail oder metaphorisch ausgedrückt: *er macht etwas mit Herzblut.* Er brennt für das was er tut und drückt dies mit jeder Faser seines Körpers aus. Hierbei wird er von einer starken inneren Energie angetrieben (Scholze-Stubenrecht und Haller-Wolf 2013, S. 347).

Aufgrund seiner Einzigartigkeit *passt der Künstler in keine Schublade.* Er ist individuell, extravagant und gehört in zehn verschiedene Schubladen gleichzeitig, aber in keine eindeutig. Er ist durchweg ein Paradiesvogel und fasziniert durch seine Kreativität seine Mitmenschen (Pätzmann und Hartwig 2018, S. 14). Außerdem ist er *frei wie ein Vogel,* ein Freigeist, unabhängig und ungebunden. Hinsichtlich seiner freidenkenden Art sind ihm seine persönlichen Freiheitsrechte sehr wichtig. Er liebt seine unterschiedlichen Facetten und zieht sein eigenes Ding durch, dabei entspricht er oftmals nicht den Erwartungen der Gesellschaft. Seine kreative Ader sowie seine Einzigartigkeit werden in den meisten der archetypischen Metaphern in der Tab. 3.6 zum Ausdruck gebracht.

Schönheit

Die Schönheit ist eine Person zum Verlieben. Sie ist sinnlich, leidenschaftlich und begehrenswert, weshalb sie gerne die volle Aufmerksamkeit auf sich zieht (Pätzmann und Hartwig 2018, S. 15). Außerdem ist sie geheimnisvoll, weswegen die Neugier ihr motivationaler Verstärker ist. Die Schönheit ist sehr attraktiv und hat eine intensive Wirkung auf andere Personen. Deshalb ist die erstplatzierte archetypische Metapher *die Schönheit ist eine Augenweide.* Hierdurch wird metaphorisch ein wunderschöner und eindrucksvoller Anblick beschrieben. Die umschriebene Person ist attraktiv und äußerst begehrenswert.

Die zweitplatzierte archetypische Metapher: *eine Schönheit verdreht jemandem den Kopf* bestätigt, dass sobald sie den Raum betritt, sie alle Blicke

Tab. 3.6 Rangliste der archetypischen Metaphern für den Archetyp Künstler (einzigartig, kreativ, tolerant)

1.	Ein Künstler macht etwas mit Herzblut	56 %
2.	Ein Künstler passt in keine Schublade	36 %
3.	Ein Künstler ist frei wie ein Vogel	34 %
4.	Ein Künstler tanzt aus der Reihe	30 %
5.	Ein Künstler geht mit staunenden Augen durchs Leben	29 %
6.	Ein Künstler ist ein Paradiesvogel	20 %
7.	Ein Künstler ist ein Traumtänzer	17 %
8.	Für einen Künstler bestätigen Ausnahmen die Regel	14 %
9.	Ein Künstler hat Rhythmus im Blut	13 %
10.	Ein Künstler hat Hummeln im Hintern	4 %

Quelle: Online-Studie, Frühsommer 2019, Mehrfachnennungen, Top 3, n = 510

auf sich zieht. Sie ist sich ihrer Wirkung und besonderen Ausstrahlung bewusst und setzt diese Fähigkeit gekonnt ein, um ihre Ziele zu verwirklichen. Ziel der archetypischen Metapher Schönheit ist es, jemanden verliebt zu machen (Scholze-Stubenrecht und Haller-Wolf 2013, S. 423). *Eine Schönheit wird von jemandem angehimmelt* ist die drittplatzierte archetypische Metapher. Demzufolge hat die Schönheit einen Schwarm, der sie mit verehrendem Blick ansieht. Sie ist für jemanden ein Vorbild und wird dementsprechend bewundert. Der Begriff anhimmeln hat einen religiösen Ursprung, denn das Tabuwort Gott wurde in diesem Zusammenhang abgelöst durch den Begriff Himmel. So wurde aus vergöttern kurzerhand anhimmeln (Krause 2017, S. 15). In der Tab. 3.7 sind alle zehn archetypischen Metaphern für die Schönheit aufgelistet.

Frohnatur

Die Frohnatur hat die positiven Eigenschaften robust, humorvoll und zuversichtlich (Pätzmann und Hartwig 2018, S. 16 f.). Sie hat immer ein Ass im Ärmel und lässt sich niemals unterkriegen. Ihre Sensationslust macht es für die Frohnatur unmöglich aufzugeben, weshalb sie die Neugier als motivationalen Verstärker hat.

Die erste archetypische Metapher zeigt die Lebensfreude des Archetyps, *die Frohnatur will die ganze Welt umarmen.* Durch eine Umarmung können viele verschiedene Gefühle vermittelt werden, dabei ist die Frohnatur erfüllt von überschwänglicher Freude (Scholze-Stubenrecht und Haller-Wolf 2013, S. 835). Des Weiteren ist *die Frohnatur kein Kind von Traurigkeit,* sie ist ein lebenslustiger

Tab. 3.7 Rangliste der archetypischen Metaphern für den Archetyp Schönheit (sinnlich, leidenschaftlich, begehrenswert)

1.	Eine Schönheit ist eine Augenweide	54 %
2.	Eine Schönheit verdreht jemandem den Kopf	48 %
3.	Eine Schönheit wird von jemandem angehimmelt	34 %
4.	Eine Schönheit steht im Mittelpunkt	29 %
5.	Eine Schönheit sieht aus wie gemalt	28 %
6.	Eine Schönheit wird auf Händen getragen	20 %
7.	Einer Schönheit wird der Hof gemacht	12 %
8.	Eine Schönheit ist ein Adonis	10 %
9.	Eine Schönheit sieht aus wie aus dem Ei gepellt	9 %
10.	Einer Schönheit kann man nicht das Wasser reichen	5 %

Quelle: Online-Studie, Frühsommer 2019, Mehrfachnennungen, Top 3, n = 510

Mensch voller Optimismus und Humor. Sie genießt ihr Leben in vollen Zügen. Sogar in der dunkelsten Stunde versucht sie das Beste aus der Situation herauszuholen und sieht der Zukunft zuversichtlich entgegen. Ferner hat die Frohnatur eine optimistische Grundeinstellung zum Leben, weshalb jeder noch so aussichtslose Weg trotzdem etwas Gutes am Ende hat (Pätzmann und Hartwig 2018, S. 16). Hinsichtlich aller genannten Eigenschaften ist auch die nächste Metapher typisch für den Archetyp. *Eine Frohnatur ist ein Spaßvogel* – lebensfroh, lustig und durchweg positiv. Sie verliert nie die Hoffnung und tritt oft als Lebenskünstler, Narr oder Entertainer im wahren Leben auf. Alle archetypischen Metaphern für den Archetyp Frohnatur sind in der Tab. 3.8 dargestellt.

Entdecker
Der Entdecker folgt ausschließlich seinen Träumen. Ihn zeichnen seine Sehnsucht, Neugierde und Euphorie aus (Pätzmann und Hartwig 2018, S. 18). Er ist stets bereit für neue Abenteuer und hat daher als einen wesentlichen motivationalen Verstärker die Neugier. Die Rangliste der archetypischen Metaphern für den Entdecker wird in der Tab. 3.9 dargestellt.

Die erste archetypische Metapher zeigt, dass der Entdecker weltoffen ist, denn *er blickt über den Tellerrand hinaus*. Das heißt, dass er offen für Neues und Unerwartetes ist. Der Entdecker ist nicht festgefahren und sieht daher nicht nur den Inhalt seines eigenen Tellers, sondern sprengt Grenzen. Er stürzt sich in alles Neue und freut sich auf das, was die Welt noch zu bieten hat. Außerdem lebt der

Tab. 3.8 Rangliste der archetypischen Metaphern für den Archetyp Frohnatur (robust, humorvoll, zuversichtlich)

1.	Eine Frohnatur will die ganze Welt umarmen	56 %
2.	Eine Frohnatur ist kein Kind von Traurigkeit	51 %
3.	Eine Frohnatur ist ein Spaßvogel	44 %
4.	Eine Frohnatur ist ein Glücksritter	18 %
5.	Eine Frohnatur hängt den Himmel voller Geigen	18 %
6.	Eine Frohnatur fühlt sich wie im siebten Himmel	17 %
7.	Eine Frohnatur ist ein Glückspilz	15 %
8.	Eine Frohnatur nimmt andere auf den Arm	15 %
9.	Eine Frohnatur hat die Stirn zu etwas	7 %
10.	Eine Frohnatur kommt mit einem blauen Auge davon	7 %

Quelle: Online-Studie, Frühsommer 2019, Mehrfachnennungen, Top 3, n = 510

Tab. 3.9 Rangliste der archetypischen Metaphern für den Archetyp Entdecker (sehnsüchtig, neugierig, euphorisch)

1.	Der Entdecker blickt über den Tellerrand hinaus	48 %
2.	Für einen Entdecker gilt, wer nicht wagt, der nicht gewinnt	40 %
3.	Ein Entdecker verlässt den sicheren Hafen	37 %
4.	Für einen Entdecker entsteht ein Weg, wenn man ihn geht	34 %
5.	Ein Entdecker verlässt ausgetretene Pfade	30 %
6.	Ein Entdecker geht immer der Nase nach	17 %
7.	Ein Entdecker ist wie ein rollender Stein, den man nicht aufhalten kann	13 %
8.	Für einen Entdecker ist das Glück mit den Mutigen	10 %
9.	Ein Entdecker macht Nägel mit Köpfen	7 %
10.	Ein Entdecker sitzt auf glühenden Kohlen	7 %

Quelle: Online-Studie, Frühsommer 2019, Mehrfachnennungen, Top 3, n = 510

Entdecker ganz nach dem Motto, *wer nicht wagt, der nicht gewinnt.* Wer nicht bereit ist etwas zu riskieren, der hat auch keine Aussicht auf Erfolg, so sein Motto.

Der Entdecker verlässt den sicheren Hafen ist eine weitere archetypische Metapher. Er dreht seinem gewohnten Umfeld den Rücken zu und folgt seinem Herzen. Dabei erweitert er seinen Horizont, um seine Träume zu verwirklichen. Seine treibende Kraft ist die Sehnsucht nach noch Unentdecktem (Pätzmann und Hartwig 2018, S. 17).

Genie

Das Genie ist intellektuell, logisch, analytisch und den meisten anderen Menschen immer einen Schritt voraus (Pätzmann und Hartwig 2018, S. 19). Die erstplatzierte archetypische Metapher ist: *Ein Genie bringt Licht ins Dunkel.* Das Genie ist sehr intelligent und besitzt das Wissen, eine undurchsichtige Angelegenheit aufzuklären (Scholze-Stubenrecht und Haller-Wolf 2013, S. 471). Es ist scharfsinnig und sehr belesen, weshalb es immer einen Ausweg aus einer komplexen Situation findet.

Des Weiteren *geht einem Genie ein Licht auf.* Seine große Allgemeinbildung unterstützt ihn dabei, etwas schnell zu begreifen oder in einer aussichtslosen Lage einen wertvollen Einfall zu haben. In der Comic-Welt wird dieser metaphorische Ausdruck oft verwendet. Dabei wird jemandem, der eine schlüssige Idee hat, eine leuchtende Glühbirne über den Kopf gezeichnet (Wagner 2018b, S. 81). Die dritte archetypische Metapher zeigt, mit welcher Begabung das Genie diverse Fakten, Situationen und Umstände analysiert. Dabei *behält das Genie immer einen kühlen Kopf,* wird nicht nervös und entschlüsselt im Handumdrehen selbst die kompliziertesten Zusammenhänge. Gleichgültig auf welche Schwierigkeit das Genie trifft, es hat stets einen klaren Kopf. In der Tab. 3.10 werden die archetypischen Metaphern für das Genie vorgestellt.

Mentor

Der Mentor ist wie das Genie hochintelligent und ebenfalls dem motivationalen Verstärker Behauptung unterzuordnen (Pätzmann und Hartwig 2018, S. 20).

Tab. 3.10 Rangliste der archetypischen Metaphern für den Archetyp Genie (intellektuell, logisch, analytisch)

1.	Ein Genie bringt Licht ins Dunkel	50 %
2.	Einem Genie geht ein Licht auf	35 %
3.	Ein Genie behält einen kühlen Kopf	33 %
4.	Ein Genie findet den roten Faden	29 %
5.	Für ein Genie ist etwas ein Kinderspiel	25 %
6.	Ein Genie macht einen Schachzug	22 %
7.	Ein Genie hat den Bogen heraus	19 %
8.	Ein Genie trennt die Spreu vom Weizen	16 %
9.	Ein Genie ist das Ei des Kolumbus	8 %
10.	Ein Genie geht übers Wasser	5 %

Quelle: Online-Studie, Frühsommer 2019, Mehrfachnennungen, Top 3, n = 510

Er übernimmt oft die Rolle des Ratgebers, Vaters oder Lehrers. Dabei ist er weise, inspirativ und visionär. Die genannten Charaktereigenschaften werden bereits in der ersten archetypischen Metapher, *ein Mentor nimmt jemand unter seine Fittiche,* ersichtlich. Er hat großes Interesse daran, seine Lebenserfahrung und das dabei gesammelte Wissen weiterzugeben. Er nimmt seinen Schützling in seine Obhut und betreut, fördert sowie fordert ihn (Scholze-Stubenrecht und Haller-Wolf 2013, S. 222). Bereits Luther verwendete diese Metapher. Der Begriff Fittiche bezieht sich hierbei auf Engelsflügel und den Schutz Gottes (Wagner 2018b, S. 63).

Der Mentor passt auf seinen Schützling auf und bereitet ihn auf seine Heldenreise vor. Demzufolge *legt er den Grundstein für etwas* und *leitet etwas in die Wege.* Er schafft durch seine langjährige Erfahrung und wegweisende Art die Grundlage für die weitere Entwicklung und bereitet seinen Schützling auf die Vollendung seiner Bestimmung vor. Der Mentor ist somit der entscheidende Ausgangspunkt und gibt den Anstoß zum Beginn der Reise seines Schützlings (Campbell 2008, S. 81 ff.). Seine Charakterzüge, die sich in den archetypischen Metaphern manifestieren, werden in der Tab. 3.11 aufgezeigt.

Anführer

Der Anführer ist meist der Ranghöchste einer Gruppe und andere sind ihm unterlegen, weswegen der Archetyp dem motivationalen Verstärker Behauptung zuzuordnen ist. Der Anführer ist zum einen wegweisend, jedoch ebenfalls

Tab. 3.11 Rangliste der archetypischen Metaphern für den Archetyp Mentor (weise, inspirativ, visionär)

1.	Ein Mentor nimmt jemanden unter seine Fittiche	54 %
2.	Ein Mentor legt den Grundstein für etwas	44 %
3.	Ein Mentor leitet etwas in die Wege	37 %
4.	Ein Mentor setzt die Segel	28 %
5.	Ein Mentor bringt den Stein ins Rollen	27 %
6.	Ein Mentor baut jemandem goldene Brücken	25 %
7.	Ein Mentor hat Nerven wie Drahtseile	12 %
8.	Ein Mentor wird das Kind schon schaukeln	7 %
9.	Ein Mentor ist mit allen Wassern gewaschen	6 %
10.	Ein Mentor schneidet alte Zöpfe ab	3 %

Quelle: Online-Studie, Frühsommer 2019, Mehrfachnennungen, Top 3, n = 510

durchsetzungsfähig und selbstsicher (Pätzmann und Hartwig 2018, S. 21 f.).
Aus diesem Grund haben die ersten beiden archetypischen Metaphern so eine
hohe Ausprägung (siehe Tab. 3.12). *Der Anführer ist ein Leitwolf.* Er ist das Oberhaupt einer Gruppe und verkörpert Stärke, Mut und Intelligenz. Er wurde auserwählt, weil er der Kräftigste
und Erfahrenste in seiner Gruppe ist. Zudem ist er wegweisend und trägt
eine Vorbildfunktion, weshalb ihm andere folgen. Die nächste archetypische
Metapher, *ein Anführer hat das Ruder in der Hand,* zielt darauf ab, dass er an
der Macht ist und das Kommando vorgibt. Das Ruder bezieht sich auf das
Steuerruder eines Schiffs, demzufolge wird der Kurs von dem bestimmt, der am
Ruder ist (Scholze-Stubenrecht und Haller-Wolf 2013, S. 618). Zu seiner selbst-
sicheren Art passt die folgende archetypische Metapher: *Ein Anführer packt den
Stier bei den Hörnern.* Er ist entschlossen in einer äußerst schwierigen Situation
selbstsicher und ohne zu zögern zu handeln, um seine Gruppe zu führen und
zu schützen. Er scheut keine Auseinandersetzungen und meistert jede Aufgabe,
dabei steht das Gemeinschaftswohl über seinem eigenen.

Amazone
Die Amazone kämpft für ihre Überzeugung, ist selbstbestimmt, emanzipiert
und stark (Pätzmann und Hartwig 2018, S. 22 f.). Deshalb passt sie zum
motivationalen Verstärker Behauptung. In der Tab. 3.13 sind alle zehn archetypischen Metaphern für die Amazone aufgelistet.

Tab. 3.12 Rangliste der archetypischen Metaphern für den Archetyp Anführer (wegweisend, durchsetzungsfähig, selbstsicher)

1.	Ein Anführer ist ein Leitwolf	58 %
2.	Ein Anführer hat das Ruder in der Hand	57 %
3.	Ein Anführer packt den Stier bei den Hörnern	24 %
4.	Ein Anführer fackelt nicht lange	20 %
5.	Ein Anführer sitzt fest im Sattel	20 %
6.	Ein Anführer weist jemanden in die Schranken	19 %
7.	Ein Anführer haut mit der Faust auf den Tisch	16 %
8.	Ein Anführer sitzt am längeren Hebel	11 %
9.	Ein Anführer macht jemandem Feuer unter dem Hintern	10 %
10.	Ein Anführer hält alle Trümpfe in der Hand	7 %

Quelle: Online-Studie, Frühsommer 2019, Mehrfachnennungen, Top 3, n = 510

Tab. 3.13 Rangliste der archetypischen Metaphern für den Archetyp Amazone (selbstbestimmt, emanzipiert, stark)

1.	Eine Amazone nimmt kein Blatt vor den Mund	44 %
2.	Eine Amazone hält mit ihrer Meinung nicht hinter dem Berg	36 %
3.	Eine Amazone hat die Hosen an	33 %
4.	Eine Amazone hat eine harte Schale, aber einen weichen Kern	31 %
5.	Eine Amazone weiß, wo der Hammer hängt	26 %
6.	Eine Amazone redet mit jemandem Tacheles	23 %
7.	Eine Amazone lässt sich nicht die Wurst vom Brot nehmen	21 %
8.	Eine Amazone könnte Bäume ausreißen	20 %
9.	Eine Amazone zieht andere Saiten auf	9 %
10.	Eine Amazone kann dicke Bretter bohren	6 %

Quelle: Online-Studie, Frühsommer 2019, Mehrfachnennungen, Top 3, n = 510

Getreu ihren Eigenschaften *nimmt sie kein Blatt vor den Mund*. Sie redet frei heraus, sagt laut und deutlich ihre Meinung und redet nicht um den heißen Brei herum. Ursprung dieser Redensart ist, dass Personen nicht frei über heikle Themen gesprochen haben, sondern ein Blatt vor den Mund hielten, damit sie nicht zu laut klangen und es nicht ersichtlich war, wer die Texte sprach (Pöppelmann 2018, S. 133). Somit konnte anschließend niemand zur Verantwortung gezogen werden.

Die Amazone *hält mit ihrer Meinung nicht hinter dem Berg,* demnach verschweigt sie nichts. Sie ist emanzipiert und entschlossen, ihre Überzeugungen durchzusetzen. Zurückzuführen ist die Redewendung auf eine militärische Taktik. Hierbei werden die eigenen Geschütze hinter einem Berg versteckt, damit die Gegner im Unklaren über die wahre Stärke gelassen werden. Die Amazone hingegen ist unabhängig und vertritt ihren Standpunkt frei heraus. Außerdem *hat die Amazone die Hosen an,* ist stark, mächtig und trifft selbstsicher ihre eigenen Entscheidungen. Dementsprechend benötigt sie niemanden, um ihre Ziele zu erreichen.

Musterschüler

Der Musterschüler ist der letzte Archetyp für das Autonomiesystem. Er ist wissbegierig, engagiert und ordentlich (Pätzmann und Hartwig 2018, S. 24). Er hat den Ansporn der Beste zu werden und hat daher oft den Mentor oder das Genie als Vorbild.

Gestützt auf dieser Erkenntnis *gilt für den Musterschüler ohne Fleiß kein Preis.* Demzufolge wird nur der entlohnt, der auch fleißig und strebsam ist. Der Musterschüler muss sich darum bemühen, seine Ziele zu erreichen. Ebenfalls *gilt für den Musterschüler, erst die Arbeit und dann das Vergnügen.* Demnach haben alle anstehenden Erledigungen Vorrang und müssen zuerst abgeschlossen werden, bevor der Musterschüler seine Freizeit genießen kann (Scholze-Stubenrecht und Haller-Wolf 2013, S. 54).

Die drittplatzierte archetypische Metapher, *ein Musterschüler hat etwas auf dem Kasten,* betont seine besonderen Fähigkeiten. Außerdem unterstreicht die archetypische Metapher seine Sorgfältigkeit, Disziplin und seinen Wissensdurst (siehe Tab. 3.14).

Held
Der Held kämpft gegen alles Böse auf der Welt, um Leid und Ungerechtigkeit die Stirn zu bieten. Er ist aufopferungsvoll und ficht den Kampf nicht nur für sich selbst aus, sondern vielmehr für die Allgemeinheit (Pätzmann und Hartwig 2018, S. 25). Außerdem ist er mutig und entschlossen, die Welt zu einem besseren Ort zu machen. Hierfür *riskiert er Kopf und Kragen,* indem er für andere einsteht und sein eigenes Leben in Gefahr bringt. Für seine Überzeugung riskiert er sein eigenes Leben. Die Redewendung stammt aus der alten Rechtssprache, wobei mit dem Kopf die Hinrichtung durch ein Schwert und mit dem Ausdruck Kragen (Hals) das Hängen (am Galgen) ausgedrückt wird (Laffert 2018, S. 80). Das

Tab. 3.14 Rangliste der archetypischen Metaphern für den Archetyp Musterschüler (wissbegierig, engagiert, ordentlich)

1.	Für einen Musterschüler gilt, ohne Fleiß kein Preis	62 %
2.	Für einen Musterschüler gilt, erst die Arbeit, dann das Vergnügen	52 %
3.	Ein Musterschüler hat etwas auf dem Kasten	27 %
4.	Ein Musterschüler reißt sich den Hintern auf	25 %
5.	Für einen Musterschüler übt sich früh, wer ein Meister werden will	19 %
6.	Für einen Musterschüler ist Ordnung das halbe Leben	24 %
7.	Ein Musterschüler ist das beste Pferd im Stall	16 %
8.	Für einen Musterschüler gilt, der frühe Vogel fängt den Wurm	11 %
9.	Für einen Musterschüler sind die Lehrjahre keine Herrenjahre	8 %
10.	Ein Musterschüler möchte in jemandes Fußstapfen treten	7 %

Quelle: Online-Studie, Frühsommer 2019, Mehrfachnennungen, Top 3, n = 510

Tab. 3.15 Rangliste der archetypischen Metaphern für den Archetyp Held (aufopferungs-voll, mutig, entschlossen)

1.	Ein Held riskiert Kopf und Kragen	60 %
2.	Ein Held setzt Himmel und Erde in Bewegung	41 %
3.	Für einen Helden gilt, was dich nicht umbringt, macht dich stark	36 %
4.	Ein Held beißt die Zähne zusammen	32 %
5.	Ein Held ist ein Stehaufmännchen	28 %
6.	Ein Held springt ins kalte Wasser	21 %
7.	Ein Held krempelt sich die Ärmel hoch	19 %
8.	Ein Held kämpft gegen Windmühlen	17 %
9.	Ein Held steigt in den Ring	14 %
10.	Ein Held zieht sich am eigenen Schopf aus dem Sumpf	7 %

Quelle: Online-Studie, Frühsommer 2019, Mehrfachnennungen, Top 3, n = 510

Wohl der anderen steht für den Helden an erster Stelle, daher gehört er einerseits dem motivationalen Verstärker Bindung an (Pätzmann und Hartwig 2018, S. 25). Andererseits ist er bereit ein Risiko einzugehen, sowie gerüstet gegen seine Feinde zu kämpfen, weshalb er ebenfalls den motivationalen Verstärkern Neugier und Behauptung zuzuordnen ist.

Des Weiteren *setzt der Held Himmel und Erde in Bewegung,* um seine Ziele zu erreichen. Er ist unverwüstlich und nimmt es, ohne mit der Wimper zu zucken, mit seinen Feinden auf. Zudem *gilt für den Helden, was ihn nicht umbringt, macht ihn stark.* Demnach erscheint der Held nach einem Rückschlag noch stärker und entschlossener, um sein Ziel zu erreichen. Ergänzend sind in der Tab. 3.15 alle archetypischen Metaphern für den Helden aufgelistet.

3.3   Antiarchetypische Metaphern als motivationale Barrieren

Materialistin

Bindung und soziale Kontakte bedeuten der Materialistin gar nichts, stattdessen legt sie Wert auf Geld und Besitz (Pätzmann und Hartwig 2018, S. 27 f.). Sie ist habsüchtig, egoistisch und einflussreich, daher ist sie der motivationalen Barriere Überdruss zugeordnet. Die Charaktereigenschaften werden in den anti-archetypischen Metaphern, die in der Tab. 3.16 aufgelistet sind, verdeutlicht.

Tab. 3.16 Rangliste der antiarchetypischen Metaphern für den Antiarchetyp Materialistin (habsüchtig, egoistisch, einflussreich)

1.	Eine Materialistin lebt auf großem Fuß	48 %
2.	Eine Materialistin denkt, nach mir die Sintflut	41 %
3.	Eine Materialistin lebt wie die Made im Speck	33 %
4.	Eine Materialistin schaut auf jemanden herunter	31 %
5.	Eine Materialistin hat ein Herz aus Stein	28 %
6.	Eine Materialistin lässt jemanden nach seiner Pfeife tanzen	24 %
7.	Eine Materialistin muss nur mit den Fingern schnipsen	20 %
8.	Eine Materialistin stößt jemanden vor den Kopf	19 %
9.	Eine Materialistin schickt jemanden in die Wüste	10 %
10.	Eine Materialistin hat Haare auf den Zähnen	8 %

Quelle: Online-Studie, Frühsommer 2019, Mehrfachnennungen, Top 3, n = 510

Die erstplatzierte antiarchetypische Metapher zelebriert ihre habsüchtige und statusorientierte Art, denn *eine Materialistin lebt auf großem Fuß*. Sie lebt in Saus und Braus, da ein Überfluss an Geld und Besitz vorhanden ist. Der Ursprung der Metapher auf großem Fuß leben, stammt vom mittelalterlichen Trend zu Schnabelschuhen (Krause 2017, S. 63 f.). Die Größe der Schuhe galt als Maßstab und bestimmte den gesellschaftlichen Rang. Demzufolge war der Schuh größer, je reicher und einflussreicher eine Person war.

Die nächste antiarchetypische Metapher hebt den Egoismus der Materialistin hervor, da sie ganz nach dem Motto *nach mir die Sintflut* lebt. Sie denkt nur an sich, es ist ihr gleichgültig welche Folgen ihr Verhalten haben könnte. Den dritten Platz belegt die antiarchetypische Metapher: *eine Materialistin lebt wie die Made im Speck*. Sie genießt ein sorgenfreies Leben, lebt im Überfluss und besitzt alles was sie braucht (Scholze-Stubenrecht und Haller-Wolf 2013, S. 459). Außerdem wird durch die antiarchetypische Metapher ihre geizige und egoistische Art sichtbar, da sie ihr Vermögen nicht teilen will. Eine Made entspricht dem Sprachbild einer wurmförmigen Insektenlarve, die im Überfluss lebt.

Verräter

Der Verräter ist das Gegenstück zum Archetyp des Freundes. Er hat die negativen Eigenschaften intrigant, hinterhältig und opportunistisch zu sein (Pätzmann und Hartwig 2018, S. 28 f.). Außerdem ist er einer anderen Person gegenüber unaufrichtig, worauf die zehn antiarchetypischen Metaphern in der Tab. 3.17 abzielen.

Tab. 3.17 Rangliste der antiarchetypischen Metaphern für den Antiarchetyp Verräter (intrigant, hinterhältig, opportunistisch

1.	Ein Verräter fällt jemandem in den Rücken	62 %
2.	Ein Verräter führt jemanden hinters Licht	34 %
3.	Ein Verräter ist ein falscher Fuffziger	27 %
4.	Ein Verräter macht gute Miene zum bösen Spiel	25 %
5.	Ein Verräter ist ein Wolf im Schafspelz	25 %
6.	Ein Verräter lässt jemanden im Regen stehen	23 %
7.	Ein Verräter legt jemanden aufs Kreuz	20 %
8.	Ein Verräter ist eine treulose Tomate	17 %
9.	Ein Verräter ist die rechte Hand des Teufels	10 %
10.	Ein Verräter führt etwas im Schilde	10 %

Quelle: Online-Studie, Frühsommer 2019, Mehrfachnennungen, Top 3, n = 510

Die erste, *ein Verräter fällt jemandem in den Rücken,* zeigt bereits wie heimtückisch und unberechenbar ein Verräter sein kann. Er greift einen vermeintlichen Verbündeten unerwartet und auf hinterhältige Weise an. Dabei stellt er sich nicht vor seinen Gegner, im Gegenteil, er überrascht ihn und zwar auf unfaire Weise von hinten, so dass er nicht gesehen wird (Krause 2017, S. 152). Die nächste antiarchetypische Metapher, die ebenfalls die intrigante Ader des Verräters verkörpert, ist *ein Verräter führt jemanden hinters Licht.* Er betrügt, überlistet und täuscht andere Personen. Er verfolgt seine Ziele, gleichgültig ob er dabei anderen Schaden zufügt. Betrüger betreiben ihre Geschäfte nicht an öffentlichen Orten, vielmehr versuchen sie ihre Opfer an einen abgelegenen Ort zu führen, damit diese nicht sofort erkennen, was vor sich geht (Pöppelmann 2018, S. 129). Außerdem *ist ein Verräter ein falscher Fuffziger.* Er ist ein Blender, äußerst unaufrichtig und keineswegs vertrauenswürdig. Der Ursprung dieser Redewendung bezieht sich auf das 20. Jahrhundert, in dem die Redewendung „falscher Fuffziger" von tatsächlich gefälschten Fünfzigpfennigstücken abgeleitet wurde (Scholze-Stubenrecht und Haller-Wolf 2013, S. 203).

Diva
Die Diva hält sich für etwas Besseres und ist dadurch selbstverliebt, überheblich und blasiert (Pätzmann und Hartwig 2018, S. 29 f.). Die erste antiarchetypische Metapher, *eine Diva ist die Prinzessin auf der Erbse,* hebt ihre Eitelkeit und überempfindliche Art hervor. Sie „ist sich selbst der liebste Mensch" und

legt besonderen Wert auf ihre körperliche Schönheit. Diese Redewendung ist auf das gleichnamige Märchen „die Prinzessin auf der Erbse" zurückzuführen. Darin musste eine Prinzessin ihre Feinfühligkeit beweisen, indem sie durch mehrere Matratzen hindurch eine Erbse in ihrem Bett bemerkte (Scholze-Stubenrecht und Haller-Wolf 2013, S. 578).

Die blasierte und bestimmende Art wird durch die nächste antiarchetypische Metapher verstärkt: *Die Diva möchte immer die erste Geige spielen.* Für sie zählt nur die führende Position, weshalb sie den Ton angeben und keine bedeutungslose untergeordnete Rolle spielen will. Zurückzuführen ist diese Redewendung auf die erste Geige in einem Orchester. Diese erste Geige ist die Wichtigste, da sie den Ton angibt und alle anderen sich an ihr orientieren müssen. Des Weiteren ist die Diva eingebildet und überheblich. Aus diesem Grund passt die antiarchetypische Metapher, *die Diva setzt sich aufs hohe Ross,* perfekt. Sie ist herablassend, geht rücksichtslos mit ihren Mitmenschen um und macht ausschließlich das, was ihr gefällt. Die Bedeutung der Metapher zeigt, „wer auf einem Pferd sitzt, thront über den anderen Menschen" (Scholze-Stubenrecht und Haller-Wolf 2013, S. 615). Das bedeutet, dass die Diva von oben herab auf andere Personen hinunterschaut. In der Tab. 3.18 sind die antiarchetypischen Metaphern für die Diva dargestellt.

Feigling

Der Feigling hat nicht das Bedürfnis Neues zu erkunden oder ein Risiko einzugehen. Er ist übervorsichtig, ängstlich und bevorzugt daher das Altbewährte (Pätzmann und Hartwig 2018, S. 31). Demnach verkörpert er die Eigenschaften

Tab. 3.18 Rangliste der antiarchetypischen Metaphern für den Antiarchetyp Diva (selbstverliebt, überheblich, blasiert)

1.	Eine Diva ist die Prinzessin auf der Erbse	51 %
2.	Eine Diva möchte die erste Geige spielen	47 %
3.	Eine Diva setzt sich aufs hohe Ross	44 %
4.	Eine Diva ist großkotzig	26 %
5.	Eine Diva brät eine Extrawurst	18 %
6.	Eine Diva sucht das Haar in der Suppe	18 %
7.	Eine Diva ist der Nabel der Welt	18 %
8.	Eine Diva bricht sich einen Zacken aus der Krone	13 %
9.	Eine Diva stellt jemanden in den Schatten	10 %
10.	Eine Diva kocht ihr eigenes Süppchen	8 %

Quelle: Online-Studie, Frühsommer 2019, Mehrfachnennungen, Top 3, n = 510

naiv, hilflos und unselbstständig, weshalb dem Feigling die motivationale Barriere Furcht zuzuordnen ist. Gemäß der genannten Eigenschaften sind die antiarchetypischen Metaphern für den Feigling in der Tab. 3.19 abgebildet. Erstplatzierte Metapher: *Ein Feigling ist ein Angsthase.* Er ist schreckhaft, übervorsichtig und fürchtet sich davor, etwas zu wagen. Außerdem fürchtet er sich vor neuen Herausforderungen und hat demzufolge ausnahmslos ängstliche Charakterzüge. Durch die zweitplatzierte antiarchetypische Metapher, *ein Feigling hat die Hose voll,* kommt die ängstliche Lebensweise des Feiglings ebenfalls zum Ausdruck. Ihm würde niemals in den Sinn kommen, etwas Neues zu wagen, da er seine eingefahrenen Gewohnheiten schätzt. Zu groß ist die Furcht vor möglichen Risiken. Die Metapher kommt daher, dass die Angst zu einer spontanen Entleerung von Blase und Darm führen kann (Scholze-Stubenrecht und Haller-Wolf 2013, S. 366).

Die dritte antiarchetypische Metapher, *ein Feigling hat weiche Knie,* drückt die körperliche Schwäche in Verbindung mit der Angst vor Neuem, aus. Die Angst zeigt sich bei diesem Archetyp in allen Lebenslagen und ist stärker als der Verstand (Pätzmann und Hartwig 2018, S. 30).

Psychopath

Der Psychopath ist unmenschlich und erfreut sich am Leid anderer. Außerdem ist er wahnsinnig und sadistisch (Pätzmann und Hartwig 2018, S. 32). Er hat eine Persönlichkeitsstörung, welche mit einer Empathielosigkeit und einem fehlenden

Tab. 3.19 Rangliste der antiarchetypischen Metaphern für den Antiarchetyp Feigling (naiv, hilflos, unselbstständig)

1.	Ein Feigling ist ein Angsthase	58 %
2.	Ein Feigling hat die Hose voll	43 %
3.	Ein Feigling hat weiche Knie	34 %
4.	Ein Feigling fährt mit angezogener Handbremse	28 %
5.	Ein Feigling fürchtet sich vor seinem eigenen Schatten	25 %
6.	Ein Feigling möchte im Erdboden versinken	16 %
7.	Ein Feigling lässt die Flügel hängen	15 %
8.	Ein Feigling ist ein Duckmäuser	14 %
9.	Ein Feigling schwitzt Blut und Wasser	13 %
10.	Einem Feigling steht das Wasser bis zum Hals	9 %

Quelle: Online-Studie, Frühsommer 2019, Mehrfachnennungen, Top 3, n = 510

Gewissen einhergeht. Diese Erkenntnisse führen dazu, dass alle Menschen sich vor ihm fürchten, weshalb er der motivationalen Barriere Furcht zugehörig ist. Es ist offensichtlich, dass der Psychopath an einer geistigen Störung leidet. Demzufolge sind alle antiarchetypischen Metaphern in Tab. 3.20 bösartig und destruktiv.

Bereits die erste antiarchetypische Metapher, *ein Psychopath geht über Leichen,* zielt auf die Unmenschlichkeit des Psychopathen ab. Das Vorgehen ist rücksichtslos und skrupellos, dessen ist er sich bewusst, schämt sich dafür jedoch nicht (Scholze-Stubenrecht und Haller-Wolf 2013, S. 466).

Seine geistesgestörte Art wird in der nächsten antiarchetypischen Metapher, *ein Psychopath hat einen Dachschaden,* deutlich. Demnach ist er nicht richtig bei Verstand, weshalb er antisoziale Verhaltensmuster zeigt. Die Bedeutung der Metapher ist auf das Dach als obersten Punkt eines Hauses zurückzuführen, welches bildlich dargestellt den Kopf als obersten Teil des Menschen symbolisiert. Er ist durch und durch verrückt und wahnsinnig. Auch *ist er von allen guten Geistern verlassen,* weshalb er unvernünftig und unüberlegt handelt. Dabei ist es ihm nicht möglich Gefühle anderer nachzuempfinden. Der Psychopath ist in Bezug auf sein Denken und Handeln krankhaft wirr im Kopf.

Femme Fatale
Die Femme Fatale ist wie die Schönheit attraktiv und begehrenswert, allerdings nutzt die Femme Fatale ihre unwiderstehliche Anziehungskraft wie einen Köder.

Tab. 3.20 Rangliste der antiarchetypischen Metaphern für den Antiarchetyp Psychopath (wahnsinnig, sadistisch, empathielos)

1.	Ein Psychopath geht über Leichen	55 %
2.	Ein Psychopath hat einen Dachschaden	42 %
3.	Ein Psychopath ist von allen guten Geistern verlassen	40 %
4.	Ein Psychopath bereitet jemandem schlaflose Nächte	38 %
5.	Ein Psychopath spielt mit jemandem Katz und Maus	31 %
6.	Ein Psychopath gießt Öl ins Feuer	24 %
7.	Ein Psychopath wünscht jemandem die Pest an den Hals	8 %
8.	Ein Psychopath spuckt jemandem in die Suppe	7 %
9.	Ein Psychopath zieht jemandem das Fell über die Ohren	5 %
10.	Ein Psychopath stellt jemandem das Bein	4 %

Quelle: Online-Studie, Frühsommer 2019, Mehrfachnennungen, Top 3, n = 510

Sie verführt und manipuliert ihre Opfer, damit sie sie einerseits auf fatale Weise ins Unglück stürzen und andererseits, um ihre eigensinnigen Ziele zu erreichen. Sie löst in ihrem Gegenüber Angst aus, weshalb sie der motivationalen Barriere Furcht zuzuordnen ist (Pätzmann und Hartwig 2018, S. 33).

Durch die erste antiarchetypische Metapher, *eine Femme Fatale bricht jemandem das Herz,* wird deutlich, wie gefühlskalt und quälend sie sein kann. Sie bereitet jemandem großen Kummer, empfindet hierfür aber keine allzu große Empathie, da sie zur Erreichung ihrer Ziele rücksichtslos vorgeht.

Ihre manipulativen Absichten werden in den nächsten beiden antiarchetypischen Metaphern sichtbar. *Eine Femme Fatale schmiert jemandem Honig um den Mund.* Sie schmeichelt jemandem, um ihn an sich zu binden. Anschließend schlägt sie zu, um ihre Absichten zu verwirklichen. Die Redensart hat verschiedene Ursprünge. Eine davon ist auf die Bärendressur zurückzuführen. So wurden Bären nach einem gelungenen Kunstwerk mit Honig belohnt (Golluch 2019, S. 102 f.). Die nächste antiarchetypische Metapher: *Eine Femme Fatale führt jemanden an der Nase herum.* Sie überlistet bzw. täuscht jemanden, indem sie ihre verführerischen Reize einsetzt, um zu bekommen was sie will. Herkunft dieser Redensart ist die Tierwelt. Sie bezieht sich auf die Tiere, die durch einen Nasenring kontrolliert und herumgeführt werden (Pöppelmann 2018, S. 126 f.). Alle zehn antiarchetypischen Metaphern für die Femme Fatale finden sich in der Tab. 3.21.

Tab. 3.21 Rangliste der antiarchetypischen Metaphern für den Antiarchetyp Femme Fatale (unwiderstehlich, manipulativ, verführerisch)

1.	Eine Femme Fatale bricht jemandem das Herz	46 %
2.	Eine Femme Fatale schmiert jemandem Honig um den Mund	43 %
3.	Eine Femme Fatale führt jemanden an der Nase herum	37 %
4.	Einer Femme Fatale frisst man aus der Hand	33 %
5.	Eine Femme Fatale ist eine falsche Schlange	32 %
6.	Einer Femme Fatale gibt man den kleinen Finger und die nimmt die ganze Hand	27 %
7.	Eine Femme Fatale bringt jemanden zu Fall	13 %
8.	Eine Femme Fatale hat eine Leiche im Keller	10 %
9.	Eine Femme Fatale hat Dreck am Stecken	8 %
10.	Eine Femme Fatale setzt sich mit Ellenbogen durch	6 %

Quelle: Online-Studie, Frühsommer 2019, Mehrfachnennungen, Top 3, n = 510

Opfer

Das Opfer ist sensibel, einsam, melancholisch, mutlos und hat sich selbst aufgegeben (Pätzmann und Hartwig 2018, S. 34). Das gibt das Ranking, das in der Tab. 3.22 dargestellt wird, wieder. Die erste antiarchetypische Metapher, *ein Opfer macht sich kleiner als es ist,* betont, dass das Opfer sich niemandem anvertraut und den Glauben an sich selbst verloren hat. Es hat das Gefühl, dass es nichts kann und hält sich daher eher bedeckt. Weiter *bekommt ein Opfer den schwarzen Peter zugeschoben.* Ein unliebsames Problem wird somit immer auf das mutlose und einsame Opfer bezogen. Diese Redewendung ist auf den Verbrecher Johann Peter Petri zurückzuführen bzw. auf das beliebte Kartenspiel „schwarzer Peter", welches vermutlich nach ihm benannt wurde (Krause 2017, S. 139). In diesem Spiel suchen die Spieler passende Kartenpaare und legen sie nacheinander ab. Wer bei Spielende den schwarzen Peter noch in der Hand hält, hat verloren. Wie der schwarze Peter wird das Opfer von einer Pechsträhne verfolgt. Es fühlt sich verlassen und erfährt in seiner aussichtslosen Situation von niemandem Halt.

Das Opfer ist der motivationalen Barriere Furcht zuzuordnen. Allerdings bringt es nicht andere zum Fürchten, sondern fürchtet sich selbst vor jemandem. Aus Angst, und um die Gefahr zu verdrängen, steckt *das Opfer seinen Kopf in den Sand.* Ausgangspunkt dieser Metapher ist die Tierwelt. Es wurde angenommen, dass Strauße ihren Kopf in den Sand stecken, sobald sie eine Gefahr wittern (Pöppelmann 2018, S. 51 f.). Sie haben die Hoffnung, dass sie

Tab. 3.22 Rangliste der antiarchetypischen Metaphern für den Antiarchetyp Opfer (sensibel, einsam, melancholisch)

1.	Ein Opfer macht sich kleiner, als es ist	50 %
2.	Ein Opfer bekommt den schwarzen Peter zugeschoben	39 %
3.	Ein Opfer steckt den Kopf in den Sand	33 %
4.	Ein Opfer ist ein Sündenbock	31 %
5.	Ein Opfer ist ein gebranntes Kind, das das Feuer scheut	29 %
6.	Ein Opfer fällt wie ein Kartenhaus in sich zusammen	23 %
7.	Ein Opfer wirft das Handtuch	16 %
8.	Ein Opfer geht vor die Hunde	14 %
9.	Ein Opfer ist ein Mauerblümchen	11 %
10.	Ein Opfer ist arm wie eine Kirchenmaus	9 %

Quelle: Online-Studie, Frühsommer 2019, Mehrfachnennungen, Top 3, n = 510

dadurch nicht gesehen werden und somit verschont bleiben. In der Realität halten sie den Kopf allerdings nur dicht an die Erde, um an den Erschütterungen des Bodens eine Gefahr frühzeitig zu bemerken.

Aussätziger
Der Aussätzige vereint die drei Eigenschaften Pessimismus, Verachtung und Andersartigkeit (Pätzmann und Hartwig 2018, S. 35). Hinsichtlich seiner Einzigartigkeit wird der Aussätzige oftmals verspottet und tritt daher als Ausgestoßener oder Außenseiter auf.

Die erste antiarchetypische Metapher, *ein Aussätziger wird im Stich gelassen,* betont genau diese Merkmale des Antiarchetyps. Er wird von anderen Personen verstoßen und erfährt in Notlagen keine Hilfe. Er wird seinem Schicksal überlassen. Diese Metapher findet ihren Ursprung in der Kampfkunst, da der Ritter in einer Schlacht nie alleine war und jederzeit von einem Kriegsknecht begleitet wurde (Wagner 2018a, S. 24). Dieser sollte den Ritter unterstützen und ihm immer beiseite stehen. Verließ er allerdings seinen Ritter, so ließ er ihn feige im Stich und setzte ihn alleine der Gefahr eines feindlichen Stiches aus.

Außerdem fühlt sich der Aussätzige, als wäre *er das fünfte Rad am Wagen* – ungeliebt, überflüssig und nutzlos. Hinsichtlich seiner Andersartigkeit hat er sich dazu entschlossen, ein Leben in Einsamkeit zu führen. Sein Wille, als Einzelgänger zu leben, wird mit der nächsten archetypischen Metapher, *ein Aussätziger ist ein Eigenbrötler,* zusätzlich unterstrichen. Er lebt aus freiem Willen zurückgezogen und möchte keinen Kontakt mit der Gesellschaft haben. Zurückzuführen ist diese Redewendung darauf, dass ein Eigenbrötler sein Brot früher zu Hause am eigenen Herd buk, um die Gesellschaft zu meiden (Pöppelmann 2018, S. 69). Da die Beheizung eines eigenen Backofens allerdings sehr aufwendig und teuer war, war das nicht üblich. Normalerweise versammelten sich die Hausfrauen am Backtag im Dorfbackhaus und buken ihr Brot gemeinsam. In der Tab. 3.23 sind alle antiarchetypischen Metaphern aufgelistet.

Idiot
Der Idiot ist das Gegenstück zum Genie. Er ist einfältig, albern und primitiv (Pätzmann und Hartwig 2018, S. 36 f.). Dabei ist er nicht sehr intellektuell und hat keinen Ansporn etwas zu lernen. Diese Charakterzüge werden auch in den antiarchetypischen Metaphern der Tab. 3.24 deutlich.

Die erste antiarchetypische Metapher, *ein Idiot versteht nur Bahnhof,* betont seinen ungeschickten Charakter. Entweder er versteht etwas inhaltlich nicht sofort bzw. überhaupt nicht oder er hat keine Lust das Thema vollends zu begreifen. Diese Redewendung ist auf die Soldaten im ersten Weltkrieg zurückzuführen

Tab. 3.23 Rangliste der antiarchetypischen Metaphern für den Antiarchetyp Aussätziger (pessimistisch, verachtet, andersartig)

1.	Ein Aussätziger wird im Stich gelassen	55 %
2.	Ein Aussätziger ist das fünfte Rad am Wagen	40 %
3.	Ein Aussätziger ist ein Eigenbrötler	32 %
4.	Nach einem Aussätzigen kräht kein Hahn	31 %
5.	Ein Aussätziger ist gesichtslos	22 %
6.	Ein Aussätziger bricht alle Brücken hinter sich ab	21 %
7.	Ein Aussätziger soll dahin gehen, wo der Pfeffer wächst	18 %
8.	Ein Aussätziger ist überflüssig wie ein Kropf	15 %
9.	Ein Aussätziger kommt auf keinen grünen Zweig	14 %
10.	Ein Aussätziger ist keinen Pfifferling wert	10 %

Quelle: Online-Studie, Frühsommer 2019, Mehrfachnennungen, Top 3, n = 510

Tab. 3.24 Rangliste der antiarchetypischen Metaphern für den Antiarchetyp Idiot (einfältig, albern, primitiv)

1.	Ein Idiot versteht nur Bahnhof	40 %
2.	Ein Idiot hat von Tuten und Blasen keine Ahnung	38 %
3.	Ein Idiot hat eine lange Leitung	35 %
4.	Ein Idiot ist dumm wie Bohnenstroh	26 %
5.	Ein Idiot ist ein Armleuchter	24 %
6.	Ein Idiot ist ein Einfaltspinsel	21 %
7.	Ein Idiot tritt ins Fettnäpfchen	21 %
8.	Ein Idiot lebt hinter dem Mond	20 %
9.	Ein Idiot hat zwei linke Hände	18 %
10.	Ein Idiot ist ein blindes Huhn und findet auch einmal ein Korn	18 %

Quelle: Online-Studie, Frühsommer 2019, Mehrfachnennungen, Top 3, n = 510

(Laffert 2018, S. 12). Die müden Soldaten wünschten sich nach Hause zu fahren und setzten mit dem Begriff Bahnhof die Entlassung bzw. das Heimkehren in Verbindung. Damit sie schnellstmöglich mit dem Zug nach Hause fahren konnten, ließen sie sich auf keine anderen Gesprächsthemen mehr ein und verstanden nur noch Bahnhof (Golluch 2019, S. 22).

Zudem *hat ein Idiot von Tuten und Blasen keine Ahnung.* Er ist inkompetent und hat eine geringe Intelligenz. Allerdings macht er sich selbst nichts daraus. Abgeleitet wird diese Redewendung vom Nachtwächterberuf (Golluch 2019, S. 194 f.). Seine einzige Aufgabe war es, spezielle Signale zu bestimmten Zeiten oder bei Gefahr durch Tuten und Blasen abzugeben. Wer allerdings diesen Anforderungen nicht gerecht wurde und für diesen Beruf nicht taugte, musste äußerst dumm gewesen sein. Gleichzeitig hat ein Idiot auch *eine lange Leitung.* Diese archetypische Metapher betont ebenfalls die Begriffsstutzigkeit des Anti-archetyps. Der Idiot benötigt somit mehr Zeit, um etwas zu begreifen. Diese Metapher bezieht sich auf die langen Telefonleitungen, welche in der Frühzeit des Telefons sehr langsam und störanfällig waren (Laffert 2018, S. 93 f.).

Rächer

In der Vergangenheit wurde dem Rächer großes Leid zuteil, wofür er nun Vergeltung üben möchte. Ziel: Gerechtigkeit (Pätzmann und Hartwig 2018, S. 37 f.). Er verkörpert die Eigenschaften verbittert, unversöhnlich und missgünstig. Zudem ist er äußerst rachsüchtig und jähzornig.

Für einen Rächer gilt, Auge um Auge, Zahn um Zahn. Der Akt der Rache gibt seinem Leben Sinn, denn er möchte Gleiches mit Gleichem vergelten. Getreu dem Motto: Wie du mir – so ich dir. Der Ursprung der Redewendung Auge um Auge, Zahn um Zahn geht auf das Alte Testament zurück (Scholze-Stubenrecht und Haller-Wolf 2013, S. 74). Die nächste antiarchetypische Metapher, *ein Rächer möchte es jemandem mit gleicher Münze heimzahlen,* hat die gleiche Bedeutung, da er danach strebt mit jemandem auf gleiche, üble Weise abzurechnen. Allerdings bekam diese Redensart erst später einen negativen Beigeschmack, denn eigentlich ist die Redensart auf die vielen verschiedenen Münzen der kleinen Fürstentümer im mittelalterlichen Deutschland zurückzuführen (Wagner 2018a, S. 101). Für Händler war es oft schwierig in der gleichen Währung wieder herauszugeben bzw. mit gleicher Münze heimzuzahlen.

Die dritte antiarchetypische Metapher, *Rache ist süß,* wird verwendet, wenn jemand vorab Rache androht (Scholze-Stubenrecht und Haller-Wolf 2013, S. 587 f.). Meistens ist dies eine ernstzunehmende Androhung von Vergeltung, weil sie dem Androhenden eine Art Genuss verschafft, den er nicht missen möchte. In der Tab. 3.25 sind alle zehn antiarchetypischen Metaphern für den Antiarchetyp Rächer abgebildet.

Tyrann

Der Tyrann ist herrschsüchtig, vermessen und diskriminierend (Pätzmann und Hartwig 2018, S. 39). Das Wohlergehen anderer ist nicht von großer

Tab. 3.25 Rangliste der antiarchetypischen Metaphern für den Antiarchetyp Rächer (verbittert, unversöhnlich, missgünstig)

1.	Für einen Rächer gilt, Auge um Auge, Zahn um Zahn	50 %
2.	Ein Rächer möchte es jemandem mit gleicher Münze heimzahlen	44 %
3.	Für einen Rächer gilt, Rache ist süß	37 %
4.	Für einen Rächer gilt, am Schluss wird abgerechnet	35 %
5.	Ein Rächer hat es auf jemanden abgesehen	32 %
6.	Ein Rächer hat etwas von langer Hand geplant	22 %
7.	Ein Rächer verpasst jemandem einen Denkzettel	21 %
8.	Für einen Rächer ist Angriff die beste Verteidigung	19 %
9.	Für einen Rächer sind die Würfel gefallen	6 %
10.	Ein Rächer zieht jemanden durch den Kakao	4 %

Quelle: Online-Studie, Frühsommer 2019, Mehrfachnennungen, Top 3, n = 510

Tab. 3.26 Rangliste der antiarchetypischen Metaphern für den Antiarchetyp Tyrann (herrschsüchtig, vermessen, diskriminierend)

1.	Ein Tyrann ist auf Krawall gebürstet	52 %
2.	Ein Tyrann tritt das Recht mit Füßen	39 %
3.	Ein Tyrann hat eine schwarze Seele	36 %
4.	Ein Tyrann kämpft mit harten Bandagen	29 %
5.	Ein Tyrann sieht rot	28 %
6.	Ein Tyrann läuft mit dem Kopf durch die Wand	26 %
7.	Ein Tyrann hat einen Pakt mit dem Teufel geschlossen	19 %
8.	Ein Tyrann haut jemanden in die Pfanne	18 %
9.	Ein Tyrann macht aus einer Mücke einen Elefanten	15 %
10.	Ein Tyrann ist jemandes spinnefeind	6 %

Quelle: Online-Studie, Frühsommer 2019, Mehrfachnennungen, Top 3, n = 510

Bedeutung für ihn. Seine Dominanz steht im Vordergrund, weshalb er auch der motivationalen Barriere Behauptung zuzuordnen ist. Er bringt sich selbst aktiv in eine hierarchisch höhere Position. Allerdings nicht um für die Gruppe einzustehen, sondern um sie zu unterdrücken. Die archetypischen Metaphern in der Tab. 3.26 veranschaulichen die herablassende und diskriminierende Art des Tyrannen.

Die erste archetypische Metapher, *ein Tyrann ist auf Krawall gebürstet,* bestätigt die bösartigen Eigenschaften. Er kann nicht viele Qualifikationen vorweisen, daher sucht er die Auseinandersetzung und den Ärger, um Angst und Schrecken zu verbreiten. Außerdem *tritt er das Recht mit Füßen,* hinsichtlich seiner ignoranten Eigenschaft diskriminiert er bestimmte Gruppen und missachtet die Rechte anderer. Das Treten mit den Füßen ist eine der böswilligsten und niederträchtigsten Gewaltanwendungen. Der Tyrann ist die rechte Hand des Teufels und *hat eine schwarze Seele,* daher ist er durchweg bösartig und furchteinflößend. Die Farbe Schwarz wird ausschließlich mit negativen Dingen assoziiert, demnach hat er lediglich negative bzw. bösartige Charaktereigenschaften.

Sklavin

Die Sklavin unterwirft sich einer höher gestellten Person unfreiwillig, weshalb sie zur motivationalen Barriere Behauptung gehört (Pätzmann und Hartwig 2018, S. 40). Sie ist fremdbestimmt und eifersüchtig auf andere Personen und verkörpert eine äußerst tragische Gestalt. Die erste archetypische Metapher, *eine Sklavin ist wie eine Marionette,* hebt deutlich die fremdbestimmte Eigenschaft hervor. Sie ist abhängig von einer anderen Person und legt ihr gesamtes Glück in deren Hände. Sie unterwirft sich einer höheren Macht und lässt sich somit von ihr zur Marionette machen. Dadurch kann sie willenlos gesteuert werden. Die Metapher bezieht sich auf eine Puppe aus einem Theaterspiel, die mithilfe vieler Fäden an den einzelnen Gelenken von einer anderen Person geführt wird.

Weiter wird *die Sklavin wie ein Fußabtreter behandelt,* da mit ihr verachtend und entwürdigend umgegangen wird. Sie wird äußerst schlecht von jemandem behandelt und andere trampeln nach Belieben auf ihr herum. Die drittplatzierte archetypische Metapher, *eine Sklavin wird an der kurzen Leine gehalten,* betont ebenfalls ihre Abhängigkeit. Die Metapher drückt aus, dass ihre Freiheit eingeschränkt und sie in den Händen einer höheren Macht ist, von der sie sich eng leiten lässt. Sie wird über einen längeren Zeitraum von ihrem Herrscher dauerhaft unterjocht, weshalb alle weiteren archetypischen Metaphern für die Sklavin in der Tab. 3.27 ebenfalls auf ihre Abhängigkeit abzielen.

Rebell

Der Rebell lässt sich von nichts und niemandem unterwerfen. Er befolgt ausschließlich seine eigenen Regeln und ist dabei anarchisch, querdenkerisch und gesetzlos (Pätzmann und Hartwig 2018, S. 41). Diese Charaktereigenschaften spiegeln sich in den archetypischen Metaphern für den Rebellen, die in der Tab. 3.28 dargestellt werden, wider.

Tab. 3.27 Rangliste der antiarchetypischen Metaphern für den Antiarchetyp Sklavin (fremdbestimmt, eifersüchtig, tragisch)

1.	Eine Sklavin ist wie eine Marionette	53 %
2.	Eine Sklavin wird wie ein Fußabtreter behandelt	49 %
3.	Eine Sklavin wird an der kurzen Leine gehalten	41 %
4.	Eine Sklavin liegt jemandem zu Füßen	26 %
5.	Eine Sklavin muss zu Kreuze kriechen	26 %
6.	Eine Sklavin wird von jemandem ausgesaugt wie ein Vampir	24 %
7.	Eine Sklavin sagt zu allem Ja und Amen	23 %
8.	Eine Sklavin steht auf der Schattenseite des Lebens	19 %
9.	Eine Sklavin ist der Prügelknabe der Nation	14 %
10.	Eine Sklavin hängt an jemandes Lippen	10 %

Quelle: Online-Studie, Frühsommer 2019, Mehrfachnennungen, Top 3, n = 510

Tab. 3.28 Rangliste der antiarchetypischen Metaphern für den Antiarchetyp Rebell (anarchisch, querdenkerisch, gesetzlos)

1.	Ein Rebell geht auf die Barrikaden	51 %
2.	Ein Rebell kennt keine Grenzen	45 %
3.	Ein Rebell spielt mit dem Feuer	35 %
4.	Ein Rebell zettelt etwas an	33 %
5.	Ein Rebell lässt sich nicht einfach abspeisen	32 %
6.	Für einen Rebellen führt der Weg zur Quelle gegen den Strom	29 %
7.	Ein Rebell begibt sich auf dünnes Eis	20 %
8.	Ein Rebell geht ab durch die Mitte	17 %
9.	Ein Rebell setzt alles auf eine Karte	15 %
10.	Ein Rebell steckt seine Nase überall hinein	7 %

Quelle: Online-Studie, Frühsommer 2019, Mehrfachnennungen, Top 3, n = 510

Die erste archetypische Metapher, *ein Rebell geht auf die Barrikaden,* unterstreicht, dass er sich von niemandem aufhalten lässt und sich ernsthaft für etwas einsetzt, um sein Ziel zu erreichen (Scholze-Stubenrecht und Haller-Wolf 2013, S. 91). Die Metapher ist auf die früheren Straßensperrungen zurückzuführen, welche gleichzeitig als Schutzwall dienten. Außerdem *kennt der Rebell keine Grenzen,* wenn er die vorgegebenen Gesetze nicht für legitim hält, dann befolgt er sie auch nicht (Pätzmann und Hartwig 2018, S. 41). Er unterwirft sich keinerlei Regeln und lebt ohne gesetzliche Ordnung, weshalb er der motivationalen Barriere Behauptung zuzuordnen ist. Er ist sein eigener Herr und macht stets das, was er für richtig hält. Durch seine anarchische, provokative und konfliktfreudige Lebensweise *spielt der Rebell mit dem Feuer* und fordert die Gefahr offensiv immer wieder aufs Neue heraus. Demnach geht er leichtsinnig ein Risiko ein, um seine Ziele durchzusetzen.

Zerstörer

Der Zerstörer ist das Gegenstück zum Helden, deshalb bekleidet er ebenso eine gesonderte Rolle im Motivkraftfeld. Er vereint alle drei motivationalen Barrieren durch seine Boshaftigkeit, daher ist er einerseits anderen Personen gegenüber überdrüssig und andererseits verbreitet er Furcht, um andere zu unterwerfen (Pätzmann und Hartwig 2018, S. 43). Der Zerstörer ist ausschließlich bösartig und verkörpert die negativen Eigenschaften brutal, hasserfüllt und aggressiv. Die antiarchetypischen Metaphern, die in der Tab. 3.29 abgebildet sind, belegen die kaltherzige Art des Zerstörers.

Im Hinblick auf die erste antiarchetypische Metapher, *ein Zerstörer macht aus etwas Kleinholz,* wird deutlich, dass er jederzeit seiner Aggressivität freien Lauf lässt. Er zertrümmert alles, was ihm in die Quere kommt und hat dabei kein Herz, geschweige denn Mitleid mit anderen Personen. Gefolgt von der nächsten antiarchetypischen Metapher, *ein Zerstörer macht mit jemandem kurzen Prozess,*

Tab. 3.29 Rangliste der antiarchetypischen Metaphern für den Antiarchetyp Zerstörer (hasserfüllt, brutal, aggressiv)

1.	Ein Zerstörer macht aus etwas Kleinholz	46 %
2.	Ein Zerstörer macht mit jemandem kurzen Prozess	40 %
3.	Ein Zerstörer lässt Köpfe rollen	40 %
4.	Ein Zerstörer lässt keinen Stein auf dem anderen	32 %
5.	Ein Zerstörer schießt mit Kanonen auf Spatzen	22 %
6.	Ein Zerstörer macht jemanden nach Strich und Faden fertig	22 %
7.	Ein Zerstörer wirft jemanden ins Haifischbecken	19 %
8.	Ein Zerstörer wird fuchsteufelswild	19 %
9.	Ein Zerstörer zieht jemandem die Schlinge um den Hals	14 %
10.	Ein Zerstörer hat ein Brett vor dem Kopf	6 %

Quelle: Online-Studie, Frühsommer 2019, Mehrfachnennungen, Top 3, n = 510

wird greifbar wie erbarmungslos und grausam er ist. Seine Vorgehensweise ist rasch, energisch und ohne Rücksicht auf Verluste (Scholze-Stubenrecht und Haller-Wolf 2013, S. 581). Zudem urteilt er voreilig und ohne große Bedenkzeit. In der nächsten antiarchetypischen Metapher, *ein Zerstörer lässt Köpfe rollen,* kommt ebenfalls sein brutales Auftreten zum Ausdruck. Der Zerstörer benötigt keine erkennbaren Gründe für seine Boshaftigkeit. Ferner schreckt er nicht vor psychischer, verbaler oder physischer Gewalt zurück, denn ihm ist jedes Mittel zur Zielerreichung recht (Pätzmann und Hartwig 2018, S. 41).

3.4 Einordnung in das Motivkraftfeld

Um den archetypischen und antiarchetypischen Metaphern mehr psychologischen Tiefgang zu geben, bietet es sich an, sie in das archetypische Motivkraftfeld von Pätzmann und Busch einzuordnen (Pätzmann und Busch 2019, S. 7). Dabei geht man wie folgt vor. Die archetypischen und antiarchetypischen Metaphern werden in das Motivkraftfeld eingeordnet. Je weniger Zustimmung sie von den Befragten erhalten haben, desto weniger Relevanz haben sie. Es ist jedoch davon auszugehen, dass alle zehn Metaphern pro Archetyp und Antiarchetyp eine gewisse Relevanz haben, denn sie wurden in einem mehrstufigen Verfahren vorausgewählt. Aus ihnen werden dann tiefe Einsichten, die anschlussfähig an moderne psychologische Konzepte sind, gewonnen. Der Übersichtlichkeit halber sind in der Abb. 3.1 nur die erstplatzierten Metaphern zu finden.

Zwei Ansätze, wie man aus archetypischen und antiarchetypischen Metaphern Customer Insights mit Tiefgang entwickeln kann

1. Ein Held riskiert Kopf und Kragen. Er verhält sich aufopferungsvoll, mutig und entschlossen. Dabei treiben ihn die drei Grundmotive Erregung, Autonomie und Sicherheit an. Verstärkt werden seine Grundmotive durch Neugier, Behauptung und Bindung.
2. Eine Sklavin ist wie eine Marionette. Sie verhält sich fremdbestimmt, eifersüchtig und tragisch. Sie gehört zum Grundmotivsystem Autonomie, wobei ihre Barriere die Unterwerfung unter eine Autonomie darstellt. ◄

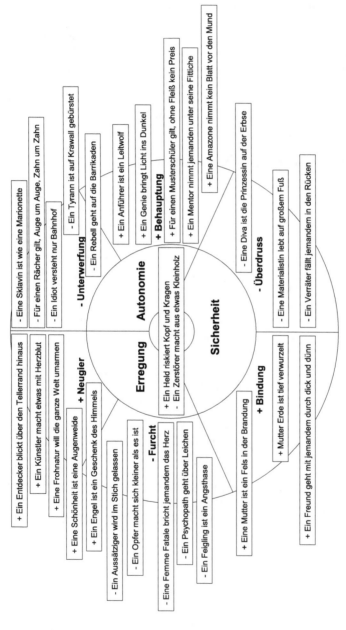

Abb. 3.1 Motivkraftfeld für archetypische und antiarchetypische Metaphern. (Eigene Darstellung in Anlehnung an Pätzmann und Busch 2019, S. 7)

Konkrete Anwendung in der Praxis

4

4.1 Geschäftsmodelle

Bei der ersten konkreten Anwendung in der Praxis soll es darum gehen, Geschäftsmodelle in ein Customer-Insights -induziertes Markenkonzept zu integrieren. Die beiden Autoren wollen nicht in das Gebiet der Geschäftsmodellinnovation vorstoßen, das ist bereits sehr gut durch Osterwalder, Schallmo, Gassmann u. a. durchleuchtet worden. Sie sehen es jedoch als wichtig an, die Schnittstellen zwischen Geschäftsmodellen und Markenkonzepten präzise zu definieren. Ein Manko ist beispielsweise, dass Geschäftsmodelle in der Regel die Marke nicht von vornherein mitdenken. Auch wird oft zu wenig Zeit auf die Formulierung eines fundierten Customer Insights, im Sinne einer systematisch und psychologisch abgeleiteten tiefen Einsicht, verwendet. Dieser aber kann Quell, Inspiration und Sprungbrett für ein innovatives Geschäftsmodell sein. Das Herzstück eines Markenkonzeptes ist der Customer Insight, der sich in der Abb. 4.1 sowohl auf Bestandteile des Geschäftsmodells als auch auf Bestandteile des Markenkonzeptes bezieht.

Osterwalder und Pigneur (2011) sind die Entwickler des Business Model Canvas, das seitdem vielen Geschäftsmodellen als Blaupause dient und inzwischen mehrfach weiterentwickelt und vereinfacht wurde. Wir wollen uns hier auf das Original beziehen. Es besteht aus neun Bausteinen: Kundensegmente, Wertangebote, Kanäle, Kundenbeziehungen, Einnahmenquellen, Schlüsselressourcen, Schlüsselaktivitäten, Schlüsselpartnerschaften und Kostenstruktur (Osterwalder und Pigneur 2011, S. 20 f.). Viele finden das in der praktischen Anwendung zu kompliziert. Wer sich an diese Art der Geschäftsmodelldarstellung gewöhnt hat, sollte sich zur Integration in ein Markenkonzept auf 1) Wertangebote, 2) Kundensegmente, 3) Kanäle und 4) Einnahmequellen konzentrieren.

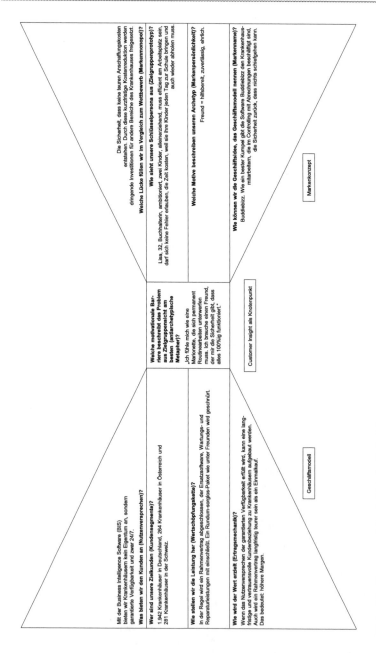

Abb. 4.1 Fliegenmodell mit fiktivem Beispiel

Schallmo (2018) hat das sicherlich kompletteste Konzept zur Geschäftsmodellentwicklung vorgelegt. Sein sogenanntes Metakonzept besteht aus Nutzendimension, Wertschöpfungsdimension, Finanzdimension, Partnerdimension, Kundendimension und vielen Unterpunkten (Schallmo 2018, S. 52). Wer sich fundiert über Geschäftsmodelle und deren Entwicklung informieren möchte, ist bei ihm und seinem Klassiker „Geschäftsmodelle erfolgreich entwickeln und implementieren" am besten aufgehoben.

Gassmann, Frankenberger und Csik (2017) haben mit dem St. Galler Business Model Navigator ein Konzept entwickelt, das in der Praxis am leichtesten umzusetzen ist. Zum Buch gibt es 55 Spielkarten (Gassmann, Frankenberger und Csik 2018), die es einem ermöglichen, schnell bestehende Geschäftsmodelle zu erweitern oder neue zu entwickeln. Im Grunde fungieren die Spielkarten wie eine Art Benchmarking-Datenbank. Die Autoren stellen sich vier simple Fragen, um ein Geschäftsmodell zu entwickeln: 1) Was bieten wir den Kunden an? 2) Wer sind unsere Zielkunden? 3) Wie stellen wir die Leistung her? 4) Wie wird der Wert erzielt? (Gassmann et al. 2017, S. 7).

Die vier Fragen zur Beschreibung eines Geschäftsmodells und das Geschäftsmodell „Guaranteed Availability" (Gassmann et al. 2017, S. 185 f.) sollen im Folgenden als einer von mehreren Inputs herangezogen werden, um das Fliegenmodell einzuführen, das Geschäftsmodelle (bzw. Geschäftsideen) und Markenkonzepte auf Basis einer tiefen Einsicht (Insight) zusammenführt, ohne die jeweiligen Ansätze zu verwässern. In der Abb. 4.1 ist ein fiktives Beispiel dargestellt.

4.2 Produktinnovationen

Geht es bei Geschäftsmodellen immer um das große Ganze, oft auch um gesamte Ökosysteme, beschränken sich Produktinnovationen auf Verbesserungen von bestehenden Produkten bzw. Marken oder auf die Entwicklung von neuen Produkten oder Marken. Wie bei Geschäftsmodellen auch steht der Customer Insight im Fokus. Es bietet sich hierbei an, mit Problemen bzw. motivationalen Barrieren zu arbeiten. Aber natürlich kann man auch motivationale Verstärker als Ausgangspunkte nehmen. Ein Insight ist immer eine Barriere oder ein Verstärker. Die Erfahrung hat gezeigt, dass es einfacher ist, eine Lösung zu einer Barriere zu finden als zu einem Verstärker (Pätzmann und Hartwig 2018, S. 45). Grundsätzlich gilt: Beides ist möglich. In der Abb. 4.2 wird anhand eines fiktiven Beispiels aufgezeigt, wie man ein Produktinnovationskonzept aufsetzen kann.

Problem (Motivationale Barriere in Form einer antiarche-typischen Metapher)	„Ich mache mich oft kleiner als ich bin. Dann fühle ich mich als Opfer. Erregungszustand: Furcht. So etwas kommt vor, wenn ich mit einem neuen Programm arbeiten muss und keine Ahnung habe, wie das funktionieren soll. Ich denke dann: alle können es, nur ich nicht."
Lösung (Beschreibung der Produkt-innovation in drei Sätzen)	Innerhalb der Business Intelligence Software Buddiebizz gibt es jetzt eine neue Applikation. Sie arbeitet mit den Prinzipien der Gamification. Die Applikation lobt den Anwender, wenn er mit dem richtigen Schritt mit dem Programm getan hat.
Nutzen (Was hat der Anwender von der Lösung? Ein Satz in Ich-Form genügt)	„Ich verliere langsam die Angst vor dem Programm, denn das Lob, das die Applikation ausspricht tut mir gut."
Begründung (Welche rationalen Argu-mente stützen den Nutzen?)	➤ Für weibliche Anwender gibt es animierte Kirschen und für männliche Anwender fungieren applaudierende Hände als symbolische Incentives. ➤ Die Techniken der Gamification nehmen den Anwendern die Angst vor dem Programm.
Bild (Zeichnung, Icon oder Foto der Lösung)	

Abb. 4.2   Produktinnovationskonzept mit fiktivem Beispiel

4.3   Service Design

Service ist immer ein Prozess, anders als ein physisches Produkt. Services sind dynamisch, Produkte sind statisch. Deshalb ist es wichtig, ein Service-Design-Konzept an der Customer Journey auszurichten, um den Prozessgedanken zu integrieren (Abb. 4.3). Früher hat man unter einem Service schlicht eine Dienst-leistung verstanden. Heute versteht man unter Service Design einen Prozess, der aus der Design-Thinking-Schule heraus entstanden ist (Brown und Katz 2009, S. 13 ff.) und häufig mit UX Design, Experience Design, Business Design oder Human-centered Design gleichgesetzt wird (Stickdorn et al. 2018, S. 19 ff.). Eigentlich ist es egal wie man Service Design nennt, das Konzept erlebt seit Jahren einen Auf-schwung in der Praxis, weil sich Marken im Netz durch digitale Services besonders gut positionieren können (Wenzel et al. 2016, S. 20 ff; Detzel et al. 2016, S. 57 ff.). Der Trend geht weg von Produktinnovationen, hin zu Service-Innovationen (Pätz-mann und Hartwig 2018, S. 49). Wichtig ist auch hier, Service Design auf einen starken Insight aufzubauen (antiarchetypische oder archetypische Metapher) und die Marke von vornherein mitzudenken (Archetyp und Motive).

Zielgruppe (Persona)

Lisa, 32, Buchhalterin, ambitioniert, zwei Kinder, alleinerziehend, muss effizient am Arbeitsplatz sein, darf sich keine Fehler erlauben, weil sie ihre Kinder jeden Tag zur Schule bringen und auch wieder abholen muss.

Customer Insight (motivationale Barriere oder Verstärker in Form einer antiarchetypischen oder archetypischen Metapher)

„Ich fühle mich wie eine Marionette, die sich permanent Routinearbeiten unterwerfen muss. Ich brauche einen Freund, der mir die Sicherheit gibt, dass alles 100%ig funktioniert".

Marken-Fit (Archetyp und Motive)

Freund = hilfsbereit, zuverlässig, ehrlich

Servicelösung über alle Kanäle hinweg (Kernnutzen)

Das Buddiebizz-Freundschaftsprogramm hilft Dir dabei, Freunde zu finden, die sich auch von allen Routinearbeiten in der Buchhaltung befreien wollen.

Customer Journey spezifische Servicelösung (Pre Sales, Sales, After Sales)

Lade Dir die Freundschafts-App herunter und erhalte Gratis-Tipps, wie Du Deine Buchhaltung organisierst.

Tausche Dich in unseren Freundschaftsforen mit Gleichgesinnten zu Tricks und Kniffen bei Business Intelligence Software-Lösungen aus. Für jeden Tipp, den Du gibst, erhältst Du einen Freundschaftspunkt.

Freunde überraschen sich gegenseitig. Wir möchten Deine Kinder mit einem kleinen Geburtstagsgeschenk überraschen. Welche Hobbys haben sie?

Service-Kanäle (online & offline; Pre Sales, Sales, After Sales)

App

App, Telefon, Skype, WhatsApp, Facebook, Twitter

Brief, Paket

Abb. 4.3 Service Design-Konzept mit fiktivem Beispiel

4.4   Personas

Personas sind aus Sicht der beiden Autoren dieses *essentials* Zielgruppenprototypen. Personas stehen somit prototypisch für das wichtigste Zielgruppensegment. Zugespitzt könnte man eine Persona auch Schlüsselpersona nennen. Personas funktionieren für B2B- genauso, wie für B2C-Aufgabenstellungen. Im B2B-Bereich hat man es oft mit Buying Centres zu tun, in denen bis zu acht verschiedene Rollen vorkommen, meistens aber nur fünf: Entscheider, Gatekeeper, Beeinflusser, Anwender und Käufer (Homburg 2017, S. 146 ff.). Hier gilt es, die relevanteste Rolle zu bestimmen und für diese eine Schlüsselpersona zu erstellen. Im B2C-Bereich gibt es in der Regel nicht viele Rollen im Entscheidungsprozess für eine Marke, ein Produkt oder einen Service. Deshalb fällt es hier leichter die Schlüsselpersona zu definieren. Allerdings gibt es häufig unterschiedliche Zielgruppensegmente. Es gilt: Für jedes Segment muss eine Persona erstellt werden. Grundsätzlich: Die wichtigste Person im Kaufprozess ist der Entscheider bzw. die Entscheiderin.

Auch bei der Beschreibung einer Persona bzw. Schlüsselpersona ist die Definition des Customer Insights von elementarer Bedeutung. Aus ihm leitet sich alles ab. Eine motivationale Barriere mit Hilfe einer antiarchetypischen Metapher zu finden, bietet sich hier an. Aber natürlich lässt sich auch ein motivationaler Verstärker mit Hilfe einer archetypischen Metapher finden. Oder man bedient sich der Möglichkeiten, die einem die Maslow'sche Bedürfnispyramide, die Nutzendimensionen, die Insight-Architektur oder die Insight-Strategien bereitstellen (Abschn. 1.1). Für den Fall einer metaphorischen Herangehensweise zeigt die Abb. 4.4 ein fiktives Beispiel.

4.5   Integrierte Creative Briefs

Creative Briefs sind aus der Mode gekommen. Werbeagenturen beklagen sich, dass sie oftmals nur mehr mündlich von ihren Kunden gebrieft werden. Oder: Marketing-Abteilungen führen mit ihren Agenturen aufwendige Workshops durch, deren Fotoprotokolle dann als Briefings herhalten sollen. Von Fokus keine Spur. Allenthalben herrscht eine „Workshoperitis" vor, und nicht erst seit wir wissen, dass wir agil arbeiten müssen. Am Ende braucht man ein Dokument, auf das sich alle beteiligten Stakeholder verständigt haben, damit man die Ergebnisse des Briefings daran messen kann. Natürlich kann ein Briefing im Rahmen eines Workshops erarbeitet werden, keine Frage. Wichtig ist nur, dass das Ergebnis einen Fokus hat. Im Marketing geht es auch darum, Entscheidungen zu treffen. Ein gutes Briefing hilft dabei.

Person (Name, Alter, Familienstand)	Insight (antiarchetypische Metapher)	Wohnort (Wo? Lifestyle)	Beruf (Bildung, Position)	Freizeit (Hobbys, Interessen)
Lisa, 32, Buchhalterin, ambitioniert, zwei Kinder, alleinerziehend, muss effizient am Arbeitsplatz sein, darf sich keine Fehler erlauben, weil sie ihre Kinder jeden Tag zur Schule bringen und auch wieder abholen muss.	„Ich fühle mich wie eine Marionette, die sich permanent Routinearbeiten unterwerfen muss. Ich brauche einen Freund, der mir die Sicherheit gibt, dass alles 100%ig funktioniert".	Da Lisa das Geld für ihre Kinder alleine verdienen muss, lebt sie in einer kleinen Zweizimmerwohnung in einem Hochhaus und fährt einen 20 Jahre alten Golf. Ihr Motto: „Meine Ersparnisse stecke ich in die Bildung meiner Kinder."	Sie hat einen Bachelor-Abschluss in Gesundheitsmanagement der Hochschule Neu-Ulm und arbeitet als Buchhalterin in einem Krankenhaus. Sie ist die jüngste stellvertretende Abteilungsleiterin.	Am liebsten liest sie Frauenliteratur, z.B. Stolz und Vorurteil von Jane Austen. Außerdem geht sie regelmäßig ins Fitnessstudio.

Lieblingsmarken (außerhalb der Kategorie)	Kontaktpunkte (Medien, Soziale Netzwerke)	Konsumverhalten (Wo? Wann? Customer Journey, innerhalb der Kategorie)	Einstellung (gegenüber der Kategorie)	Wettbewerbssituation (Konkurrenzmarken, Substitution)
Lisa liebt Sportmarken wie Nike, weil sie für einen aktiven Lifestyle stehen.	Geschäftlich nutzt Lisa linked in und privat lässt sie sich hauptsächlich von Instagram inspirieren und vergeudet dort ihre Zeit, was sie ärgert. Außerdem nutzt sie Facebook, YouTube, Twitter und Snapchat.	Sie informiert sich gerne online, um dann weitere Infos per Telefon zu erhalten. Bevor sie sich endgültig entscheidet, möchte sie eine Live-Vorführung bekommen.	Eine Business Intelligence Software (BIS) sollte zuverlässig, hilfsbereit und ehrlich erscheinen und sie muss für kollaborative Arbeit geeignet sein, denn Lisa ist eine Team-Playerin. Eine BIS sollte wie ein Freund auftreten.	Lisa ist gerne auf der sicheren Seite, deshalb neigt sie dazu, nur großen Marken wie IBM zu vertrauen.

Abb. 4.4 Persona mit fiktivem Beispiel

Warum nennen die beiden Autoren dieses *essentials* Creative Briefs integriert? Weil ein Briefing heute die einzelnen Phasen einer Customer Journey integrieren muss. Aber auch hier gilt: Keep it simple and smart. Drei Phasen (Pre Sales, Sales, After Sales) genügen vollkommen. Der Kern eines integrierten Creative Briefs ist der Insight, aus dem sich die Kernbotschaft ableitet. Sowohl Insight als auch Botschaft sollten Metaphern beinhalten (am besten archetypische oder antiarchetypische), weil Metaphern innere Bilder erzeugen, die der Gebriefte (Agentur, interner Mitarbeiter der Marketing-Abteilung) dann leichter in ein kreatives Konzept umsetzen kann. Ein Insight in einem integrierten Creative Brief ist entweder eine motivationale Barriere oder ein motivationaler Verstärker. Die Kernbotschaft dagegen drückt sich immer in einem motivationalen Verstärker aus. Sie ist sozusagen Antwort auf die aufgeworfene Frage bzw. das Problem im Insight. Abb. 4.5 verdeutlicht all das mit einem fiktiven Beispiel.

4.6   Claims

Im Sommer 2019 führten Jens U. Pätzmann und Diana Prutzer im Rahmen einer akademischen Auftragsarbeit eine Online-Studie durch, die zum Ziel hatte,

1. aktuelle Marken-Claims den entsprechenden Archetypen zuordnen zu lassen und
2. die Claims herauszufiltern, die am meisten emotionalisieren.

Hierzu wurden in einem mehrstufigen Verfahren aus 176.000 Claims der Plattform Slogans.de (2019), 290 ausgewählt, die folgenden Kriterien entsprachen:

a) emotional, affektiv,
b) eine Botschaft,
c) vermuteter Zusammenhang mit Archetypen,
d) deutsch,
e) aktuell und
f) vermutet hohe Bekanntheit.

Für die Befragung wurden die vierzehn Archetypen aus dem Modell von Pätzmann und Hartwig herangezogen (Pätzmann und Hartwig 2018, S. 8). Antiarchetypen wurden nicht berücksichtigt, weil Slogans bzw. Claims in erster Linie positive Botschaften vermitteln wollen. Es konnten 215 Fragebögen

Zielgruppe (Persona)

Lisa, 32, Buchhalterin, ambitioniert, zwei Kinder, alleinerziehend, muss effizient am Arbeitsplatz sein, darf sich keine Fehler erlauben, weil sie ihre Kinder jeden Tag zur Schule bringen und auch wieder abholen muss.

Customer Insight (motivationale Barriere oder Verstärker in Form einer antiarchetypischen oder archetypischen Metapher)

„Ich fühle mich wie eine Marionette, die sich permanent Routinearbeiten unterwerfen muss. Ich brauche einen Freund, der mir die Sicherheit gibt, dass alles 100%ig funktioniert".

Markenwerte (Archetyp und Motive)

Freund = hilfsbereit, zuverlässig, ehrlich

Kernbotschaft über alle Phasen der Customer Journey hinweg (abgeleitet aus dem Insight; möglichst archetypische Metapher)

Buddiebizz, die Business Intelligence Software, geht wie ein Freund mit Dir durch dick und dünn bei der Bewältigung der Routinearbeiten in der Buchhaltung.

Customer Journey spezifische Ziele (Pre Sales, Sales, After Sales)

Bekanntheit erhöhen, Image aufbauen, konkret: in den relevant set der BIS-Anbieter gelangen (Top 3).

Kaufbereitschaft erhöhen, konkret: Top of mind (1. Stelle) werden.

Loyalität erhöhen, konkret: Empfehlungsrate (NPS) steigern.

Customer Journey spezifische Begründungen (Pre Sales, Sales, After Sales)

- Beratung und Hilfestellung: 24/7 per Telefon, Skype, Email, WhatsApp oder Linked in
- Studie, die die Zeitersparnis bei den Routine- arbeiten gemessen hat
- Studie über sofortige Kostenreduktion

- Geld-zurück-Garantie
- Zertifizierung durch unabhängiges Institut, z.B. Stiftung Warentest
- Flatrate-Angebot, um Vertrauen zu schaffen
- Referenzen

- Persönlicher Ansprechpartner, kein Call Center
- Feedback-Möglichkeit nach jedem Beratungs- gespräch
- Sammeln von Freundschaftspunkten führt zu Incentives (je zufriedener, desto mehr Incentives)

Customer Journey spezifische Kommunikationskanäle (Pre Sales, Sales, After Sales)

Webseite, Linked in, YouTube, Internet-Foren, Display-Werbung auf branchenspezifischen Web- seiten / Plattformen, Instagram, Facebook

Telefon, Skype, WhatsApp, Linked in, Email, persönlicher Termin mit Vorführung

Telefon, Skype, Email, WhatsApp, Linked in

Abb. 4.5 Integrierter Creative Brief (ICB) mit fiktivem Beispiel

ausgewertet werden. Die Stichprobe bestand zu mehr als 80 % aus Studierenden der Hochschule Neu-Ulm. Knapp 72 % waren weiblich. Die Befragung ist nicht repräsentativ, kann aber als Trend-Analyse gewertet werden.

Zu jedem Archetyp gab es 10–14 Claims zur Auswahl. Gestellt wurden immer zwei Fragen: 1) Welche Claims berühren Sie am meisten (Mehrfachnennungen möglich)? und 2) Welche Claims passen am besten zu dem Archetyp, der hier vorgestellt wird (Mehrfachnennungen möglich)? Am Ende wurden die Ergebnisse zu den Fragen zusammengeführt. In der Abb. 4.6 sieht man eine zusammenfassende Darstellung.

Was bedeuten die Ergebnisse und was haben sie mit Customer Insights und archetypischen Metaphern zu tun? Überraschend an den Ergebnissen ist, dass sich klar zwei Motivsysteme und motivationale Verstärker herauskristallisieren, auf die man Claims in Zukunft hin positionieren muss, wenn man a) besonders emotionalisieren will und b) archetypische Muster berücksichtigen möchte. Sicherheit/Bindung und Autonomie/Behauptung sind die beiden Motivsysteme und motivationalen Verstärker. Erregung/Neugier mit dem Entdecker als Archetyp spielt eine untergeordnete Rolle – und das ist die eigentliche Überraschung.

Mit den Ergebnissen der Studie bekommen Marketing-Experten einen Kompass an die Hand, mit dem sie nun systematisch nach emotionalen und archetypischen Claims suchen können, die eng an unsere Motivsysteme gekoppelt sind und im limbischen Teil des Gehirns wirken. Das ist die eine konkrete Anwendung für die Praxis.

Die andere Anwendung bezieht sich auf das Thema dieses *essentials.* Man könnte z. B. Claim-Briefings für Agenturen entwickeln, die auf den archetypischen Metaphern dieses *essentials* basieren, z. B. so:

Claim-Briefings für Agenturen

- Motivsystem: Autonomie
- Motivationaler Verstärker: Behauptung
- Archetyp: Anführer
- Typische archetypische Metaphern als Sprungbretter für Claims: Ein Anführer ist ein Leitwolf; ein Anführer hat das Ruder in der Hand; ein Anführer packt den Stier bei den Hörnern.
- Aufgabe: Welche Claims lassen sich daraus für die Marke XYZ entwickeln? ◄

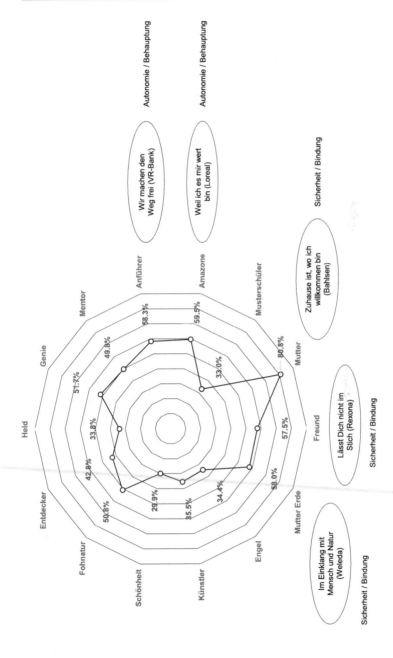

Abb. 4.6 Archetypische Claim-Kategorisierung und Emotionen (Pätzmann und Prutzer, Sommer 2019, Online-Studie, n = 215)

4.7   Storytelling-Formate

2019 haben Jens U. Pätzmann und Anja Busch auf Basis von 150 untersuchten
YouTube-Videos 15 archetypische Storytelling-Formate ermittelt, die als Ideengeber
für eigene Filme dienen können (Pätzmann und Busch 2019). In der Tab. 4.1 sieht
man das Storytelling-Format „Retter in der Not" mit dem fiktiven Beispiel „Lisa".
Gute Geschichten basieren meistens auf Archetypen und Konflikten (Sammer
2015, S. 47). Konflikte sind Krisen, Probleme, Defizite, Herausforderungen, Wider-
stände etc. In der Logik der Autoren dieses *essentials* sind sie motivationalen
Barrieren gleichzusetzen und können Antiarchetypen und Motivsystemen zugeordnet
werden. Geschichten können auch auf motivationalen Verstärkern basieren. Für
diese Fälle gibt es ebenfalls Beispiele bei Pätzmann und Busch (Pätzmann und
Busch 2019). In der Tab. 4.1 ist für die Krise mit der antiarchetypischen Metapher
„Eine Sklavin ist wie eine Marionette" und für die Botschaft mit der archetypischen
Metapher „Mit einem Freund geht man durch dick und dünn" gearbeitet worden.
    Hat man sich eine Botschaft und eine Krise ausgesucht, basierend auf
empirischen Fakten, kann man an die Gestaltung des Films gehen. Das fiktive Beispiel hat nicht den Anspruch, besonders kreativ zu sein, sondern will darlegen, wie
man mit antiarchetypischen und archetypischen Metaphern Filme schreiben kann,
die motivationspsychologisch fundiert das limbische System triggern und emotional
berühren – und zum zuvor entwickelten integrierten Creative Brief passen.
    Grundsätzlich kann man sagen, dass Geschichten drei unterschiedlichen
Prinzipien folgen, dem Drei-Akter (Aristoteles et al. 2009, S. 12), dem Fünf-Akter
(Pyczak 2018, S. 99) oder der Heldenreise (Campbell 2008, S. 210; Vogler 2007,
S. 188). Alle Geschichten, natürlich in unzähligen Varianten, sind auf einem dieser
drei Prinzipien aufgebaut (Pätzmann und Busch 2019, S. 2).

4.8   Analyserahmen für die Codierung von Insights

Abschließend und zusammenführend möchten die beiden Autoren zeigen, wie
man Insights einfach und nachvollziehbar codieren kann. In der Literatur gibt es
eine Reihe von Ansätzen, die die Codierung von empirischen Forschungsergeb-
nissen beschreiben (Früh 2017, S. 76 ff.; Schreier 2012, S. 58 ff.). Allen voran
ist hier Mayring zu nennen. Aus der Sicht der beiden Autoren dieses *essentials*
ist der Mayring'sche Ansatz allerdings zu korsetthaft (Mayring 2016, S. 114 ff.;
Mayring 2015, S. 69 ff.). Er lässt nicht genug Spielraum.
    Nun sollen empirische Ergebnisse auf der anderen Seite nicht vollkommen frei
dargestellt werden, denn das wäre das andere Extrem und führt zu belletristischen
Abhandlungen, die rein deskriptiv durch die Ergebnisse moderieren. Gänzlich
ohne Interpretation. Am Ende weiß man nicht mehr als vorher. Wichtig ist,

Tab. 4.1 Storytelling-Format „Retter in der Not" mit fiktivem Beispiel

Handlung	Charakter Protagonist	Motivsystem	Motivationale/r Verstärker/Barriere	Archetyp/ Antiarchetyp	Geschichte
Hinführung	1. Lisa 2. Sekretärin 3. Kind	1. Autonomie 2. Erregung 3. Erregung	1. Unterwerfung 2. Furcht 3. Furcht	1. Sklavin 2. Opfer 3. Opfer	Lisa sitzt am Schreibtisch vorm PC. Der Bildschirm ist umringt von kleinen gelben Post-its. Die Akten stapeln sich. Ihr Handy klingelt. Die Schule ruft an. Eines der Kinder hat sich verletzt und muss schnell zum Arzt
Krise	1. Lisa 2. Marionette	1. Autonomie 2. Autonomie	1. Unterwerfung 2. Unterwerfung	1. Sklavin 2. Sklavin	Lisa sitzt im Warteraum der Arztpraxis, auf dem Schoß ihr Laptop. Eine Gedankenblase öffnet sich. Lisa sieht sich als Marionette, die vergebens nach Laptop und Kind greift
Verwandlung mithilfe eines Verbündeten	1. Ben 2. Lisa	1. Sicherheit 2. Sicherheit	1. Bindung 2. Bindung	1. Freund 2. Freund	Ben, ihr Ansprechpartner bei Buddiebizz, ruft an und schaltet sich auf ihren Laptop. Innerhalb von Sekunden löst er das Problem und wünscht ihr einen guten Tag
Erlösung/ Schluss	1. Lisa 2. Kinder 3. Ben	1. Sicherheit 2. Erregung 3. Sicherheit	1. Bindung 2. Neugier 3. Bindung	1. Freund 2. Entdecker 3. Freund	Lisa sitzt entspannt auf einer Parkbank und sieht den Kindern beim Spielen zu. Ben kommt ins Bild und reicht ihr ein Eis. Er setzt sich zu ihr auf die Bank. Beide genießen schweigend ihr Eis und grinsen
Botschaft					Mit einem Freund geht man durch dick und dünn

Quelle: In Anlehnung an Pätzmann und Busch 2019, S. 31

Theorien, Modelle oder Konzepte als Referenzrahmen heranzuziehen, um den empirischen Ergebnissen interpretatorische Tiefe zu geben.

Hier hilft ein Referenzsystem, eine Art Filter, den man wie ein Analyseschema über die Empirie legt. Die Waben-Codierung von Insights nach Pätzmann und Adamzcyk hilft bei der Interpretation, ohne zu sehr einzuschränken, d. h. sie kann explorativ verwendet werden.

Wir schlagen folgende Vorgehensweise vor:

1. Empirische Ergebnisse, die aus Nethnographie, Experteninterviews, Einzelexplorationen, Fokusgruppen oder quantitativen Online-Untersuchungen kommen, werden zunächst klassisch transkribiert.
2. Dann gibt es zwei Möglichkeiten bei der Kategorienbildung. Entweder man überlegt sich vor der Auswertung Kategorien, nach denen man die Empirie untersuchen möchte. Kategorien können hierbei aus den unterschiedlichsten Bereichen kommen, z. B. aus Pre Sales, Sales, After Sales, aus den Stufen der Maslow'schen Bedürfnispyramide, aus den Nutzendimensionen nach Karmasin, aus den Kategorien nach Zaltman, aus Archetypen, aus grundlegenden Motivsystemen, aus Insight-Strategien nach Baumann, aus dem Marketing-Mix usw. Oder man sichtet das Transkript unvoreingenommen und findet dabei Muster, Cluster und Ähnlichkeiten, die man anschließend zu Kategorien zusammenfasst.
3. Ein weiterer Parameter des Analyserahmens sind die Insights. Sie gliedern sich immer in motivationale Barrieren und Verstärker. Sie bleiben fest. Allerdings können auch sie aus unterschiedlichen Bereichen kommen, z. B. aus dem Ranking der antiarchetypischen und archetypischen Metaphern, den Maslow'schen Defizit- und Erfüllungszuständen, den Nutzendimensionen, den Insight-Strategien usw.
4. Der letzte Punkt des Analyserahmens wird von den Ankerbeispielen gebildet. Für jede motivationale Barriere und zu jedem motivationalen Verstärker muss es ein typisches Beispiel aus dem Transkript bzw. aus der Empirie geben. Die Ankerbeispiele müssen sich am Ende auch immer einer der gefundenen Kategorien zuordnen lassen.

Die Erfahrung hat gezeigt, dass man zwischen drei bis neun Kategorien definieren sollte. Zu jeder Kategorie sollte es mindestens drei Insights geben (egal ob als Barriere oder als Verstärker formuliert). Analog gibt es dann auch immer ein Ankerbeispiel pro Insight. Mayring wendet seinen Analyserahmen insbesondere bei qualitativen Inhaltsanalysen an. Den Analyserahmen von Pätzmann und Adamczyk, die sogenannte Waben-Codierung, kann man für jede Art der empirischen Untersuchung anwenden, egal ob qualitativ oder quantitativ. Besonders geeignet ist die Waben-Codierung jedoch für explorative, d. h. entdeckende Untersuchungen, also eher qualitativ. In der Abb. 4.7 sind fiktive Beispiele anhand von archetypischen und antiarchetypischen Metaphern dargestellt.

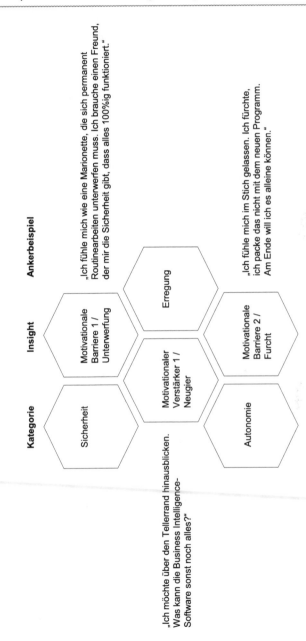

Abb. 4.7 Waben-Codierung von Insights mit fiktiven Beispielen

Was Sie aus diesem *essential* mitnehmen können

1. 280 vorformulierte archetypische und antiarchetypische Metaphern, bereit zum Einsatz für die Beschreibung von Customer Insights
2. Einfache Anleitungen zum Finden von motivationspsychologisch fundierten Customer Insights
3. Empirisch sauber abgeleitete Customer Insights mit Wirk-Garantie
4. Fallstudie, die bei der praktischen Anwendung in Geschäftsmodellen, Produktinnovationen, Service Design, Personas, Creative Briefs, Claims und Storytelling für tiefe Einsichten sorgt
5. Universell einsetzbare Waben-Codierung zur Auswertung von empirischen Studien, sowohl qualitativ als auch quantitativ

© Der/die Herausgeber bzw. der/die Autor(en), exklusiv lizenziert durch Springer Fachmedien Wiesbaden GmbH, ein Teil von Springer Nature 2020
J. U. Pätzmann und Y. Adamczyk, *Customer Insights mit Archetypen,* essentials, https://doi.org/10.1007/978-3-658-30748-6

Literatur

Aristoteles, Schmitt, A., Grumach, E. und H. Flashar (2009). *Aristoteles: Werke in deutscher Übersetzung* (Bd. 5). Berlin: Akad.-Verl.

Baumann, S. (2011). Consumer Insights: Der Stoff, aus dem Konsumträume sind. In *Brand Planning*, Hrsg. A. Baetzgen, 27–45. Stuttgart: Schäffer-Poeschel.

Bischof, N. (2014). *Psychologie: Ein Grundkurs für Anspruchsvolle*. 3. Auflage. Stuttgart: W. Kohlhammer.

Brown, T. und B. Katz (2009). *Change by design: How design thinking transforms organizations and inspires innovation*. 1. Auflage. New York: Harper Business.

Campbell, J. (2008). *The hero with a thousand faces*. 3. Auflage. Novato, Calif.: New World Library.

Detzel, R., Mahle, I. und J. U. Pätzmann (2016). The Connection Between Service Design and Brand Personality. *Markenbrand* 5: 57–65.

Donzé. R. und F. Pfister (2016). *Die Kraft der Sinne: Wie wir sehen, hören, tasten, riechen, schmecken*. Zürich: Verlag Neue Zürcher Zeitung.

Felser, G. (2015). *Werbe- und Konsumentenpsychologie*. 4. Auflage. Berlin, Heidelberg: Springer-Verlag.

Früh, W. (2017). *Inhaltsanalyse*. 9. Auflage. Konstanz: UVK Verlagsgesellschaft.

Gassmann, O., Frankenberger, K. und M. Csik (2018). *Der St. Galler Business Model Navigator: 55 + Karten zur Entwicklung von Geschäftsmodellen*. München: Hanser Verlag.

Gassmann, O., Frankenberger, K. und M. Csik (2017). *Geschäftsmodelle entwickeln: 55 innovative Konzepte mit dem St. Galler Business Model Navigator*. 2. Auflage. München: Hanser Verlag.

Golluch, N. (2019). *Endlich nicht mehr Bahnhof verstehen, sondern wissen, wo der Hase im Pfeffer liegt: Das Redewendungen-Erklärungsbuch*. 3. Auflage. München: Riva.

Gottschling, S. (2015). *Das Lexikon der Wortwelten: Das So-geht's-Buch für Bildhaftes Schreiben*. 4. Auflage. Augsburg: SGV Verlag.

Homburg, C. (2017). *Marketingmanagement: Strategie – Instrumente – Umsetzung – Unternehmensführung*. 6. Auflage. Wiesbaden: Springer Gabler.

Hüther, G. (2015). *Die Macht der inneren Bilder: Wie Visionen das Gehirn, den Menschen und die Welt verändern*. Göttingen: Vandenhoeck & Ruprecht.

Jung, C. G. (1999). *Archetypen*. 8. Auflage. München: Deutscher Taschenbuch Verlag.

Kahnemann, D. (2016). *Schnelles Denken. Langsames Denken*. 13. Auflage. München: Siedler Verlag.

Karmasin, H. (2007). *Produkte als Botschaften*. 4. Auflage. Landsberg am Lech: mi-Fachverlag.

Kast, V. (2016). *Imagination: Zugänge zu inneren Ressourcen finden*. 2. Auflage. Ostfildern: Patmos.

Kohl, K. (2007). *Metapher*. Stuttgart, Weimar: Verlag J. B. Metzler.

Kratzer, T., Ferdinand, H.-M., Kramer, I. und J. U. Pätzmann (2018). Markenpositionierung durch Archetypen. *Markenbrand* 6: 12–21.

Lindenmann, H. (2014). *Die große Metaphern-Schatzkiste: Systemisch arbeiten mit Sprachbildern*. Vandenhoeck & Ruprecht.

Lindenmann, H. (2016). *Die große Metaphern-Schatzkiste: Band 2: Die Systemische Heldenreise*. Göttingen: Vandenhoeck & Ruprecht.

Krause, J. (2018). *Klappe zu, Affe tot: Woher unsere Redewendungen kommen*. 12. Auflage. Reinbek bei Hamburg: Rowohlt.

Krause, J. (2017). *Mich laust der Affe: Neues aus der Welt der Redewendungen*. 3. Auflage. Reinbek bei Hamburg: Rowohlt.

Kroeber-Riel, W. und A. Gröppel-Klein (2013). *Konsumentenverhalten*. 10. Auflage. München: Vahlen.

Kurz, G. (2009). *Metapher, Allegorie, Symbol*. 6. Auflage. Göttingen: Vandenhoeck & Ruprecht.

Laffert, J. v. (2018). *Duden: Wer hat den Teufel an die Wand gemalt? Redensarten – wo sie herkommen, was sie bedeuten*. Berlin: Bibliographisches Institut GmbH.

Lakoff, G. und M. Johnson (2014): *Leben in Metaphern: Konstruktion und Gebrauch von Sprachbildern*. 8. Auflage. Heidelberg: Carl-Auer-Verlag.

Mark, M. und C. S. Pearson (2001). *The hero and the outlaw: building extraordinary brands through the power of archetypes*. New York: McGraw-Hill.

Mayring, P. (2016). 6. Auflage. *Einführung in die qualitative Sozialforschung*. Weinheim: Beltz Verlag.

Mayring, P. (2015). *Qualitative Inhaltsanalyse: Grundlagen und Techniken*. 12. Auflage. Weinheim: Beltz Verlag.

Osterwalder, A. und Y. Pigneur (2011). *Business Model Generation: Ein Handbuch für Visionäre, Spielveränderer und Herausforderer*. Frankfurt a. M.: Campus Verlag.

Pätzmann, J. U. und A. Busch (2019). *Storytelling mit Archetypen: Video-Geschichten für das Content Marketing selbst entwickeln*. Wiesbaden: Springer Gabler.

Pätzmann, J. U. und J. Hartwig (2018). *Markenführung mit Archetypen: Von Helden und Zerstörern: Ein neues archetypisches Modell für das Markenmanagement*. Wiesbaden: Springer Gabler.

Pätzmann, J. U. und T. Benzing (2017). Was wir von C. G. Jung lernen können – Ansätze für ein archetypisches Markenmanagement. *Inside marketing*: 18–19.

Pöppelmann, C. (2018). *Redensarten & Sprichwörter: Herkunft, Bedeutung, Verwendung*. 4. Auflage. München: Compact Verlag.

Pearson, C. S. und H. K. Marr (2009). *What story are you living? A workbook and guide to interpreting results from the Pearson-Marr Archetype Indicator instrument*. Gainesville, Florida: Center for Applications of Psychological Type.

Pearson, C. S. (1998). *The hero within: six archetypes we live by.* New York: HarperCollins Publishers.

Pearson, C. S. (1991). *Awakening the heroes within: twelve archetypes to help us find ourselves and transform our world.* New York: HarperCollins Publishers.

Pyczak, T. (2018). *Tell me! Wie Sie mit Storytelling überzeugen.* 2. Auflage. Bonn: Rheinwerk.

Roesler, C. (2010). *Analytische Psychologie heute: Der aktuelle Stand der Forschung zur Psychologie C. G. Jungs.* Freiburg: S. Karger Verlag

Roesler, C. (2016). *Das Archetypenkonzept C. G. Jungs: Theorie, Forschung und Anwendung.* Stuttgart: W. Kohlhammer Verlag.

Sammer, P. (2015). *Storytelling: Die Zukunft von PR und Marketing.* 1. Auflage. Beijing: O'Reilly.

Schallmo, R. A. (2018). *Geschäftsmodelle erfolgreich entwickeln und implementieren.* 2. Auflage. Wiesbaden: Springer Gabler.

Scheier, C. und D. Held (2012). *Wie Werbung wirkt: Erkenntnisses des Neuromarketing.* Freiburg, München: Haufe-Lexware.

Scholze-Stubenrecht, W. und A. Haller-Wolf (2013). *Duden: Redewendungen: Wörterbuch der deutschen Idiomatik: Mehr als 10.000 feste Redewendungen und Sprichwörter.* Berlin: Bibliographisches Institut GmbH.

Schreier, M. (2012). *Qualitative Content Analysis in Practice.* London: Sage Publications Inc..

Slogans.de (2019). *Die Datenbank der Werbung.* www.sloagns.de/index.php, abgerufen am 19.05.2019

Solomon, M. R. (2013). *Konsumentenverhalten.* Neue deutsche Ausgabe. München: Pearson Deutschland.

Spiegel, U. und M. K. Jens (2010). Wir stellen vor: NoA – Neuroversum of Archetypes. *Index* 1/2010: 62–67.

Stickdorn, M., Homress, M., Lawrence, A. und J. Schneider (2018).*This is service design doing: Applying service design thinking in the real world: a practitioners' handbook.* 1. Auflage. Sebastapol: O'Reilly.

Ullmann, K. und C. A. Loria (2009). *Das A und O: Deutsche Redewendungen.* Stuttgart: Klett.

Vogler, C. (2007). *The Writer's Journey: Mythic structure for writers.* 3. Auflage. Studio City: Michael Wiese Productions.

Wagner, G. (2018a). *Schwein gehabt! Redewendungen des Mittelalters.* 39. Auflage. Daun: Regionalia Verlag.

Wagner, G. (2018b). *Wer's glaubt wird selig! Redewendungen aus der Bibel.* 24. Auflage. Daun: Regionalia Verlag.

Wagner, G. (2018c). *Das wissen die Götter! Redewendungen aus der Antike.* 9. Auflage. Daun: Regionalia Verlag.

Weidinger, B. (Hrsg.) (2018). *Warum ist die Leberwurst beleidigt? Sprichwörter und Redensarten – und was dahintersteckt.* 2. Auflage. München: Bassermann.

Wenzel, P., Mahle, I. und J. U. Pätzmann (2016). Streaming Services & Service Design. *Markenbrand* 5: 20–31.

Zaltman, G. (2008). *Marketing Metaphoria: What Seven Deep Metaphors Reveal About the Minds of Consumers.* Boston: Harvard Business School Publishing.

Printed in the United States
By Bookmasters